엄마들은 절대 모르는
초등교실 속
아이들

엄마들은 절대 모르는
초등교실 속
아이들

서울초등상담연구회 지음

아주 좋은 날

아는 만큼 보이듯이
아이는 엄마가 아는 만큼만 키울 수 있다!

'엄마만큼이나 아이들도 우등생이 되고 싶다!'

이 책 1장의 제목이다. 뒤집어보면 '아이들과 마찬가지로 엄마도 우등생 엄마가 되고 싶다'는 뜻이 된다. 이 책은 초등학교 현장에서 아이들을 가장 생생하게 경험하는 선생님들이 어떻게 우등생 엄마가 될 수 있는지를 알려주는 가정통신문이라 할 수 있다. 아이들의 세계를 이해할 수 있는 폭넓은 내용들이 너무나 쉽고 명쾌하게 쓰여 있다.

이 책의 가장 큰 장점은 단순한 이해에서 그치지 않고 자녀를 '엄친아'로 키우는 데 필요한 지침들을 구체적으로 제시하고 있다는 점이다. 공부와 관련된 다양한 주제부터 시작해서 친구 관계, 이성 교제, 아이들의 문화(외모에 대한 관심은 물론이고 연예인이 되고 싶은 꿈까지 거의 모두를 다룬다)를 비롯하여 인터넷과 휴대전화 그리고 TV 시정 문제까지 부모늘이 꼭 알아야 할 것들을 꼼꼼하게 담고 있다.

단순히 교육적인 내용에 그치지 않고 무엇보다 아이들의 심리를 심도 있게 다루고 있어, 초등학생의 심리 이해서로도 부족함이 없다. 이 책을 쓴 선생님들은 '마마보이보다 마마보이로 키우는 엄마가 문제'라고 입을 모아 말한다. '200퍼센트 완벽하게 챙겨주는 엄마는 없느니만 못하다'고 깜짝 놀랄 만큼 콕 집어서 지적하기도 한다.

'아는 만큼 보인다'는 말이 있다. 아이들 역시 엄마가 아는 만큼, 딱 그만큼만 키울 수 있다는 것을 되새기게 하는 책이다. 이 책이 초등학생을 둔 부모들에게 내 아이에 대한 새로운 이해의 지평을 열어줄 것을 확신한다.

인제대학교 상계백병원 신경정신과 주임교수

최영민

교실 속 아이들의 모습이 궁금한
세상의 모든 부모님들을 위하여!

'요즘 강남의 초등학생들'이라는 기사에 놀라운 장면이 담겨 있는 사진을 보았다. 차림새도 체격도 초등학생이 분명한 아이들이 칸막이 쳐진 독서실에서 공부에 몰두하고 있는 모습이었다. 앞쪽 책꽂이에 빼곡히 꽂혀있는 책들은 모두 수능 관련 교재들이었다. 그리고 10년 후에 자기가 가고자 하는 대학의 이름이 큰 글씨로 현수막처럼 걸려 있었다. 너무나 메마르고 힘겨워 보이는 뒷모습에 한숨이 절로 나왔다.

물론 강남에서도 일부 초등학생의 모습이고, 또 그 아이들 중 일부는 스스로 원해서 하는 아이들이겠지만, 과연 그런 분위기를 좋아하는 초등학생이 얼마나 될까? 우리 어른들이야 공부도 소질이고 적성이라는 것을 이미 알고 있다. 일찌감치 머리가 트인 아이는 공부를 힘들이지 않고 재미있게 하시만, 소위 늦게 크이는 아이들은 인내심을 가지고 기나려줄 수밖에 없다는 것도 알고 있다.

그럼에도 불구하고 요즘 부모들은 자신의 어린 시절을 깡그리 잊어버린 듯 철저하게 준비한 스케줄대로 아이들을 분주하게 몰고 다닌다. 그러다 보니 아이들은 학교 울타리에 개나리가 활짝 핀 것도 모른 채 가방을 메고 총총걸음으로 등교하고, 수업이 끝나기 무섭게 학원 차에 몸을 싣고 핸드폰 문자를 보내느라 손가락만 바쁜 일상을 보낸다. 심지어 어른보다 더 바빠서 매니저를 두어야 할 지경인 아이들도 적지 않다는 말도 돈다. 이것이 콘크리트 아파트 숲에서 태어나 평생을 고층 빌딩들 사이로 앞만 보고 달려야 하는 이 시대 도시에 사는 아이들의 현주소이다.

이런 우리 아이들이 다니는 요즘의 초등학교 교실은 과연 어떤 모습일까? 우리 아이들은 친구들과 어떻게 어울리고, 어떻게 행동하며, 어떤 생각들을 할까? 어떤 고민들이 있고, 서로 어떻게 도우며 지낼까? 우리 아이들에게 아직 어린이다운 순수함이 남아 있기는 한 걸까?

아이를 학교에 보낸 부모라면 너 나 할 것 없이 교실 속 아이들의 모습이 궁금하다. 할 수만 있다면 교실 안에 몰래카메라라도 설치해서 내 아이가 어떤 태도로 수업에 임하는지, 어떤 친구와 어떻게 놀고, 무슨 얘기를 하면서 웃고, 무슨 일로 속상해 하는지 일거수일투족을 엿보고 싶은 심정이다. 딴에는 조심스럽게 아이에게 물을 때도 있는데, 그때마다 "엄만 몰라도 돼"라는 소리만 되돌아온다. 그러니 아이들 세계인 교실 속이 더더욱 궁금하다. 이런 부모님들의 호기심과 궁금증을 풀어주는 데 이 책의 목적이 있다.

이 책은 서울의 여러 초등학교에서 근무하는 선생님들이 교실 속 우리 아이들의 모습을 카메라로 찍어 보여주듯이 이야기를 풀어준다. 때문에 책을 읽는 동안 마치 교실 안을 들여다보는 방문객의 눈길로 아이들의 일상사를 엿볼 수 있다. 어쩌면 자녀의 학예발표회를 보러 오는 부모님들의 두근거림과 설렘도 느끼게 될지 모르겠다.

먼 훗날 우리 아이들이 더 당당하고 믿음직한 어른으로 성장하는 데 조금이나마 힘을 보태자는 마음으로 이 책을 기획하였다. 눈에 넣어도 아프지 않을 만큼 사랑스런 우리 아이들이 "어린 시절 그래도 우린 참 좋았었다"라고 말할 수만 있다면, 더 이상의 위안은 없을 것이다. 감히 그런 날을 꿈꾸며…….

서울초등상담연구회

C O N T E N T S

1장 엄마만큼이나 아이들도 우등생이 되고 싶다

CONTENTS

 **1장** 엄마만큼이나 아이들도
우등생이 되고 싶다

6장 조금 특별한 아이를 문제아로 만들지 마라

7장 내 아이만의 문제일까요?
엄마가 묻고 선생님이 답하는 Q&A

꽃처럼 사람들도 피어나는 시기가 다 따로 있다.
어떤 이는 초봄의 개나리처럼,
어떤 이는 한여름의 해바라기처럼,
어떤 이는 가을의 국화처럼,
어떤 이는 한겨울 매화처럼,
이렇게 따지고 보면 늦깎이란 말은 없다.

1장

엄마만큼이나 아이들도
우등생이 되고 싶다

교육이란 아이의 머릿속에 씨앗을 심어주는 것이 아니라,
아이 안에 있는 씨앗이 자라나게 하는 것이다.
• 칼릴 지브란 •

엄친아를 원한다면 먼저
엄친아의 엄마가 되어라

얼마 전에 치른 시험 성적이 나왔다. 이번에도 지훈이가 우리 반에서 일등이다. 항상 일등을 놓치지 않는 지훈이는 공부에만 매달리는 '공부벌레'일 것 같지만 꼭 그렇지도 않다. 축구와 농구를 잘해서 점심시간이나 방과후에는 친구들과 어울려 운동을 하고, 피아노와 첼로 연주실력도 수준급이다. 게다가 키도 크고 얼굴도 잘생겨서 여자친구들에게 인기가 많다. 어려운 친구를 도와주는 따뜻함도 있고 상황에 맞게 융통성도 발휘할 줄 안다. 또한 아직은 어리지만 민족사관학교에 가고 싶다는 뚜렷한 목표가 있어서 옆에서 누군가 공부하라는 잔소리를 하지 않아도 스스로 계획을 세워 열심히 한다.

학교에서 보면 아주 드물기는 하지만 지훈이 같은 '엄친아'들이 더러 있다. 인터넷 만화에서 유래한 말인 엄친아는 '엄마 친구 아들'의 줄임말로 무엇이든 잘하고 부족한 게 없어서 모든 엄마들이 부러워하는 아이를 의미한다.

그렇다면 보통 아이들은 어떨까? 사실 보통 아이들은 그야말로 '보통'이라고 보면 된다. 성적도 보통이고, 그렇다고 다른 분야에 썩 재능을 보이는 것도 아니다. 친구들과 어울려 놀기 좋아하고, 학원은 가라고 해야 간신히 가고, 무슨 요일에 어떤 학원을 가야 하는지도 잊어버리기 일쑤다. 틈만 나면 컴퓨터와 TV에 껌처럼 붙어 있고, 잔소리를 하지 않으면 숙제마저도 안 할지 모른다. 시험 때가 되면 '어쩜 저렇게 태평할까?' 싶을 정도로 여유만만이어서 엄마들이 조바심을 내게 하고, "오늘은 문제집 다섯 장을 풀어라, 내일은 어디까지 공부를 해라"라고 일일이 정해줘야 하는 시늉이라도 한다. 그거라도 제때 하면 말 잘 듣는 아이 축에 든다. 아무리 잔소리를 해도 천하태평 세월아 네월아고, 엄마가 무슨 말을 할 때마다 꼬박꼬박 말대꾸를 한다.

엄친아와 비교할수록 반감만 늘어난다

한 엄마가 친구모임에 나갔다 친구가 아들 자랑을 하는 것을 듣고 속상한 채로 집에 들어왔다. 그런데 시험이 코앞인 아이는 해놓으라는 숙제는 안 하고, 집안은 난장판이고, TV 앞에 누워서 빈둥거리고 있다면 어떨까?

머리로는 남의 집 아이와 비교하면 안 되고, 우리 아이만의 장점을 보고 그것을 키워주어야 한다는 것을 알고 있어도 속에서는 열불이 나고 만다. 결국 화가 나서 속엣말을 쏟아낸다.

"엄마 친구 아들 지훈이는 스스로 알아서 문제집을 다섯 권도 푼다는데, 너는 시험이 코앞인데 고작 몇 페이지도 안 풀고 뭐하는 거야! 대체 넌 커서 뭐가 되려고 그러니?"

그래도 아이는 듣는 둥 마는 둥이다. 꼭 벽에 대고 말을 하는 것 같다. 급기야 아이의 무반응에 화가 폭발한 엄마의 발언 수위는 한층 더 높아지고, 목소리 톤도 최고조로 올라간다.

언뜻 보면 아이들은 엄마가 누군가와 비교하는 말을 해도 관심이 없는 것처럼 보인다. 하지만 그렇지 않다. 듣기 싫으니까 관심 없는 척하는 것뿐이다. 엄마가 의도했든, 안 했든 아이는 누군가와 비교당하는 것에 상처를 받는다.

꼭 필요할 때 적당히 비교하는 것은 학습동기를 높일 수도 있지만, 정도가 지나치거나 횟수가 잦아지면 아이들은 부모의 말과 행동, 표정을 보며 서서히 주눅이 들게 된다.

어릴 때부터 누군가와 비교당하면서 자란 아이들은 그 상황이 너무나 싫으면서도 자기도 모르게 스스로를 남들과 비교하게 되고 자신감 없는 성인으로 성장하기 쉽다. 자기 자신을 있는 그대로 인정받지 못하고, 늘 부모의 기대에 못 미치는 아이로 대우 받은 아이들은 스스로도 자아존중감이 부족한 아이로 성장하기 마련이다.

엄친아를 키우는 씨앗은 '자아존중감'이다

자아존중감이란 나는 다른 사람에게 관심과 사랑을 받을 만한 존재이며, 나는 내 일을 스스로 잘해낼 수 있을 것이라는 자신에 대한 긍정적인 감정을 말한다. 엄친아의 기본이라 할 수 있는 아이의 자아존중감을 높일 수 있는 몇 가지 방법을 정리하면 다음과 같다.

첫째, 결과보다는 과정과 노력을 칭찬하라.

칭찬이 무조건 약이 되는 것은 아니다. 본인의 타고난 능력이나 일의 결과물에 대해 습관적으로 칭찬을 받은 아이들은 자신의 능력에 비해 어렵거나 도전해야 할 과제는 시도하지 않으려는 경향을 띤다. 결과가 안 좋으면 칭찬받지 못할 거라고 지레 겁을 먹기 때문이다. 따라서 결과가 좋지 않더라도 어려운 과제에 도전한 도전정신이나 자신의 목표를 이루기 위해 노력한 과정을 칭찬하는 것이 바람직하다.

둘째, 아이의 결정권을 존중하라.

부모가 모든 것을 결정해주는 아이는 자아존중감이나 자신감이 향상되기 어렵다. 사소한 일이라도 아이와 함께 의논하고, 아이의 결정을 존중해주는 것은 아이들의 동기 수준을 높이는 데도 도움이 된다. 지금 당장은 "우리 아이가 스스로 뭘 할 수 있을까?" 하는 생각이 들고 못 미덥더라도 아이를 믿고 기회를 줘서 스스로 결정하고 실행해봄으로써 아이가 성공 경험을 쌓아가게 하는 것이 중요하다.

셋째, 아이와의 애착관계를 높여라.

평소에 관계가 좋은 부모와 자녀는 큰 문제가 생겨도 서로 이해하려 애쓰고 문제를 해결하려 노력하게 된다. 그러나 부자 간 혹은 모자 간의 관계가 좋지 않은 경우에는 사소한 문제가 생겨도 큰 문제로 변질되기 십상이다.

아이를 키우는 것을 흔히 장거리 마라톤에 비유한다. 그 긴 레이스 도중에 어떤 일이 생길지는 아무도 알 수 없다. 그런 때를 대비하여 아이와 돈독한 관계를 맺어두는 것은 현명한 부모들이 지녀야 할 지혜일 것이다.

자아존중감은 우리 인생의 행복과도 직결되는 감정이라 할 수 있다. 자아존중감이 높은 아이들은 자신의 외모에 대한 만족도도 높고, 타인과의 관계형성 능력도 높고, 리더십도 훌륭하다는 연구결과가 많이 나와 있다. 우리 아이들이 행복하게 자랄 수 있도록 도와주는 것이 당장의 시험 성적이나 학습능력을 높이는 것보다 중요하지 않은가를 되돌아봐야 할 것이다.

요즘 초등생에게
영어는 '일상'이다

"어! 나 저기 가봤는데!"

수업 주제를 소개하기 위해 시애틀 사진을 보여주자 오늘도 역시 민성이가 큰소리로 외친다.

"저기 진짜 좋아. 나 지난 여름방학 때 갔었거든."

민성이는 같은 모둠의 친구들에게 시애틀에 가서 보고 온 것들을 자랑하느라 바쁘다.

요즘 길을 지나다 보면 '우리 동네에 외국인이 이렇게 많았나?' 하는 생각이 들 때가 많다. 그들에게 우리나라에서 뭘 하느냐고 물으면 아마도 반 이상은 영어를 가르친다고 대답하지 않을까 추측해본다.

모든 엄마들이 영어에 불안해한다

우리나라 학부모들이 자녀의 영어교육을 위해 쏟아붓는 시간과 노력, 비용을 생각해보면 가슴팍이 먹먹해질 정도다. 태어난 지 몇 개월 되지 않은 아이들에게 영어 노래를 틀어주고, 아이와 대화할 때도 영어로만 말하는 엄마도 있다는 이야기를 들은 적이 있다. 다섯 살부터 영어유치원에 보내고, 대여섯 살 된 아이들에게 리딩[reading]과 라이팅[writing]을 가르치는 엄마들과 우리는 한 시대를 살고 있다.

예닐곱 살쯤 되면 영어유치원이나 학원에서 내주는 숙제의 수준이 엄마들이 봐주기에도 어렵다고 한다. 심지어는 영어유치원이나 영어학원 숙제를 하기 위해 영어 과외선생님을 붙이거나 또 다른 학원에 가는 경우도 있다고 한다. '나는 그러지 말아야지' 했던 엄마들도 또래 아이가 영어를 모국어처럼 잘하는 걸 보면 덜컥 겁이 나기 마련이다.

'내가 아이를 너무 방치하나?'

'아이 교육에 너무 무심한가?

학부모들의 이런 불안감을 파고들며 영어 사교육 시장은 나날이 활개를 치고 있다.

올해부터는 초등학교의 영어시간이 한 시간씩 늘어난다. '고작 한 시간인데 뭘'이라고 생각하는 사람도 있을 테지만, 정해져 있는 수업 시수에서 특정 교과를 한 시간 늘린다는 것은 결코 쉬운 일이 아니다. 그럼에도 불구하고 수업시간을 늘린 것은 영어에 대한 국가적인 관심을 반영한 것이라 할 수 있다.

학생들의 영어 수준도 몇 년 전에 비해 상당히 향상되었다. 원어민 선생님을 대하는 태도도 너무나 자연스럽다. 우리 공교육에 원어민교사 제도가 처음 시행되었을 때 학생들은 노란 머리에 파란 눈을 가진 외국인 선생님을 보면 슬슬 피해 다녔다. 그런데 지금은 외국인 선생님의 수업이 너무나 자연스럽다. 복도에서 마주치면 일상적으로 "Hello!" 하고 인사를 건넬 정도다.

요즘 아이들은 학교 말고도 영어를 배우는 경로가 무척 다양하다. 방과 후 영어학원에 다니는 것은 예삿일이고, 방학 때 외국으로 어학연수를 가거나, 부모님을 따라 외국에 1~2년 이상 거주하다가 편입학을 하는 경우도 꽤 많아졌다.

교실 속 영어 수준은 천차만별

그런데 영어 사교육 열풍의 중심에 서 있는 아이들이 있는 반면에 학교에서 배우는 영어가 전부인 아이들도 생각보다 많다. 그런 아이들은 집에서 혼자 영어문제집을 풀고, 교과서에 나오는 모르는 단어의 뜻을 선생님에게 물어본다. 또한 각종 프로그램을 알뜰하게 활용하는 학생들도 있다. 예를 들어 학교에서 하는 방과 후 영어프로그램이나, 방학 중 학교캠프, 각종 영어체험센터에서 개최하는 프로그램에 꼬박꼬박 참여하는 경우가 그렇다. 그런가 하면 영어는 너무 어려운 과목이라며 지레 포기한 아이들도 상당수다.

이 같은 개인적인 관심도나 주변환경 때문에 학교의 영어수업 시간에는 영어에 많이 노출된 학생들과, 수업시간에 열심히 들으면서 노력하는 학생들, 5학년밖에 되지 않았는데도 자신은 영어를 포기했다고 선언하는 아이들이 한데 섞여 있다.

시애틀을 가봤다고 자랑하는 민성이는 원어민 선생님과 주제를 정해 자연스럽게 대화를 할 수 있을 정도로 영어를 잘한다. 하지만 수업시간에는 민성이로 인해 선생님뿐만 아니라 아이들도 힘들다. 수업내용이 너무 쉽다며 집중하지 않고 떠들어서 주변의 친구들까지 수업에 집중할 수 없게 하기 때문이다. 게다가 영어를 잘하지 못하는 친구가 한 모둠에 끼게 되면 "넌 그것도 모르냐?", "넌 게임에서 빠져. 너 때문에 우리가 자꾸 지잖아"와 같은 말로 상처를 주고, 친구들을 무시할 때도 종종 있다. 선생님이 뭐라고 해도 귀 기울여 듣지 않는 경우가 많다. 어쩌다 수업에 참여할 때도 선생님이 설명하는 중간에 끼어들어 아는 척하기 일쑤다.

영어 잘하는 아이들의 수업시간 공부법

반면에 민성이 못지않게 영어를 잘하는 희우는 영어수업에 임하는 태도가 민성이와 사뭇 다르다. 희우는 주어진 과제를 다하면 다른 친구들을 도와주기 바쁘다. 영어쓰기를 할 때면 자기 것을 먼저 하고 확인을 받은 후 같은 모둠의 친구들이 어려워하는 철자나 문법을 친절하게 가르쳐준다. 그렇다 보니 희우와 같은 모둠의 아이들이 희우에게 막히는 부분을 물어보는 모습은 무척 자연스럽다.

희우는 수업내용을 이미 알고 있기 때문에 수업내용보다는 원어민 교사가 그 내용을 가르치기 위해 사용하는 생소한 표현들에 집중한다. 예를 들어 과거형 동사를 설명하는 시간에는 대부분의 아이들이 현재형을 어떻게 과거형으로 바꾸는지에 관심을 갖는 반면, 희우는 원어민 교사가 사용하는 표현을 주의 깊게 듣고, 이해되지 않는 것은 한국인 교사에게 조용히 질문한다. 희우는 이러한 나름의 전략으로 이미 알고 있는 것을 배우는 시간도 효율적으로 활용하고 있는 셈이다.

그렇다면 '영어를 왜 배우는가?'라는 원론적인 질문을 되새겨보자. 언어를 배우는 것은 원활한 사회적 관계를 맺기 위해 의사소통법을 깨치는 과정이라 할 수 있다. 남들과 소통하기 위한 언어를 배우면서 상대방을 배려할 줄 모르고 친구들을 무시한다면 영어를 아무리 잘한다 한들 그게 무슨 소용이 있겠는가! 영어를 아주 잘하지만 언어를 바르게 사용하는 법을 모르는 아이들을 볼 때마다 영어교육 열풍 이전에 타인과 진정으로 소통할 수 있는 능력, 타인에 대한 배려와 겸손을 배우는 것이 먼저가 아닐까 하는 생각이 든다.

우등생은 결정적으로
독해력이 좌우한다

　어려운 수학 문제를 풀기 위해서는 '수식'이 필요하다. 그런데 혼합계산 수식을 주었을 때 어려움 없이 문제를 해결하는 학생 중 다수가 글로 주어진 서술형 문제를 접하면 같은 문제인데도 풀지 못하는 경우가 많다. 그 이유는 바로 독해력 부족에 있다.

　모든 과목의 기초는 바로 국어, 그중에서도 독해력에 있다. 바로 이 부분을 학부모들이 간과하는 경향이 있다. 독해력이란 글의 요점을 찾아내고 이해하는 능력이다. 국어 능력이 어느 정도 형성되었을 것 같은 6학년 학생들에게도 한 장짜리 논설문을 읽힌 후에 요점을 찾아보게 하면 그 글에서 주장하는 바와 근거를 제대로 찾아내지 못하는 경우가 의외로 많다.

　그러면 아이들의 독해문제를 해결하기 위해서는 책을 많이 읽히면 되는 걸까? 매년 다독상을 받는 학생들의 경우를 예로 들어보자. 다독상을 받는 학생들은 대부분 학교에서 추천하는 추천도서를 포함해 1년에 100권, 200권의 책을 읽고, 독서감상문도 많이 쓴다. 그렇다면 이 학생들은 모두 다 독해력이 우수하다고 할 수 있을까? 절대로 그렇지 않다.

글의 구조를 파악하게 하라

물론 책을 많이 읽는 것은 독해력 향상에 어느 정도 도움이 된다. 하지만 책을 많이 읽는 것만으로 독해력이 저절로 향상되지는 않는다. 책을 많이 읽는 학생들은 대부분 글자만 읽는 경향이 있다. 그래서인지 글에 담긴 의미나 글의 구조를 파악하면서 책을 읽는 학생들이 그리 많지 않다.

대부분의 과목에서 우수한 성적을 보이는 재민이는 특히 국어시간에 빛을 발한다. 재민이는 '개요'를 짚어보는 것이 습관처럼 몸에 배어 있다. 짧은 생활문을 한 편 쓸 때도, 자신의 주장과 그 근거를 들어야 하는 논설문을 쓸 때도 재민이는 항상 나름대로 서론, 본론, 결론과 그 각각의 내용이 들어 있는 개요를 먼저 작성한다.

다른 학생들은 글쓰기 시간을 주면 바로 글을 써내려간다. 반면에 재민이는 글을 쓰기 시작하는 시간이 다른 학생들보다 한참 늦다. 그것은 머릿속으로 먼저 내용을 구조화하고 개요를 작성하는 데 시간이 걸리기 때문이다. 그런데 시작 시간은 늦지만 결과물을 보면 다른 학생들보다 조직적이고 탄탄하다. 이런 개요 쓰기는 글을 읽고 요점을 파악하는 데도 도움을 준다. 바로 이것이 독해력의 원천이 된다. 모든 글에는 구조가 있다는 것을 알고 있기 때문에 자연스럽게 글을 읽으면서 구조와 핵심내용을 파악하는 것이다.

구조화할 수 있는 능력은 국어 과목뿐만 아니라 다양한 과목과 분야에 영향을 미친다. 내용이 방대한 사회 과목도 하나의 사회현상을 파악할 때 원인과 결과를 구조화할 수 있는 능력이 필요하고, 과학 과목 역시 실험과정을 구조화할 수 있는 능력이 필요하다. 앞서 언급했던 수학 과목도 조직력과 사고력을 요구하는 대표적인 학문이다. 계산 능력은 반복적이고 기계적인 연습으로 숙달될 수 있지만 문제를 이해하고 어떤 방법으로 문제를 해결해야 할지를 결정할 때는 구조화 능력이 필요하기 때문이다. 또한 모국어의 구조화 능력과 독해력은 외국어를 배울 때에도 영향을 미친다. 즉 국어 능력은 영어 능력과도 비례하는 것이다.

요점정리 연습을 시켜라

재민이 어머니는 재민이의 학교생활에 관심이 많다. 평소에 알림장을 통해 담임선생님과 필요한 이야기를 나누기도 하고, 한 학기에 두 번 정도 상담을 한다. 2학기가 되어 재민이 어머니가 학교에 오셨을 때 재민이가 논술이나 글짓기를 위해 사교육을 받았는지를 여쭤보았다. 재민이 어머니는 특별히 사교육을 시키지는 않았지만, 어렸을 때부터 책을 많이 접할 수 있는 환경을 만들어주려고 노력했다고 했다. 특히 이 일에는 어머니보다 신문기자이신 아버지가 더 적극적이었단다. 잠들기 전에 어머니나 아버지가 꼭 20분 이상 책을 읽어주었고, 재민이가 스스로 책을 읽을 수 있게 되었을 때에도 재민이가 읽는 책을 부모님이 함께 읽고 그 책의 주제에 대해 이야기를 나누었다고 했다. 읽을 수 있는 것이면 동화책이든, 만화책이든, 신문이든, 잡지든 제한을 두지 않았고, 책을 읽는다고 해서 특별히 칭찬을 해주지는 않았단다.

그리고 3학년이 되면서부터 아버지가 서서히 재민이가 이해할 수 있을 만한 읽을거리를 제공해주면서 그 글의 중심내용이나 요점에 대해 이야기를 나누었고, 4학년 때부터 본격적으로 글을 읽고 요점을 정리해보는 연습을 시작했다고 한다. 아무래도 책을 많이 접할 수 있도록 환경을 만들어주는 등 부모님의 꾸준한 노력이 만들어낸 결과 같았다.

재민이 어머니는 영어교육은 모국어가 다 완성된 후에 시작하려고 기다렸다고 한다. 영어는 집에서 가르치는 게 어려움이 많아 4학년이 되던 해부터 학원에 보내기 시작했는데, 다른 아이들에 비해 늦게 시작한 편이었는데도 생각보다 빠르게 영어 실력이 향상되었다고 했다.

초등학교도 들어가기 전부터 논술학원, 영어학원, 수학학원으로 쫓겨 다닌 아이들과 그 시간 동안 꾸준히 책으로부터 좋은 자극을 받았던 재민이 중에 누가 더 낫다고 한마디로 단정할 수는 없지만 아이들의 학습면뿐만 아니라 생활면과 정서적인 면을 모두 지켜보는 교사 입장에서는 재민이

쪽에 손을 들어줄 수밖에 없다. 또 한편으로 유명 강사를 따라 아이와 함께 이 학원 저 학원으로 레벨테스트를 받으러 다니는 부모들도 많고, 한글보다 알파벳을 먼저 가르치는 부모들도 상당수인데, 그 사이에서 꿋꿋이 소신을 지켰던 재민이 부모님이 존경스럽기도 했다.

놀랍게도
아이들의 소원도
공부 잘하는 것이다

"또 시험 봐요? 지겨워요!"

"시험도 다 끝났는데 놀아요."

"100점 맞으면 게임기 사주신댔어요."

"공부는 대체 왜 해야 해요?"

"공부 없는 세상에서 살고 싶어요."

아이들의 소원을 조사해 보면 놀랍게도 1위가 '공부 잘하는 것'이다. 공부하기를 그렇게 싫어하면서도 정작 가장 원하는 것을 물으면 공부 잘하는 것이 소원이라니 참으로 아이러니하다. 그만큼 자기도 잘하고 싶은데 뜻대로 되지 않아 속상하다는 뜻으로 해석할 수 있지 않을까? 그런 아이들에게 우리 부모님들과 선생님들은 어떤 도움을 줄 수 있을까?

공부하라는 말보다 공부하면 좋은 점을 말해줘라

'공부해라, 공부해라' 잔소리하는 것보다는 공부하면 좋은 점을 이야기해 주면 더 효과가 크다. 가령 아이가 단원평가에서 100점을 맞았다고 한다면 누가 가장 기쁠까? 바로 아이 자신이다. 부모님이 기뻐하시니 즐겁고, 선생님도 뿌듯해 하시니 신이 날 수밖에 없다.

우리나라처럼 천연자원이 부족하고, 자연적 특혜도 별로 없는 나라에서는 그나마 인력이 최고의 재산이고 국력이다. 따라서 우리 아이들이 똑똑하고 건강하고 바르게 자라야 희망이 있다. 사람들은 흔히 우리나라에서 성공하기 가장 쉬운 방법이 공부라고들 말한다. 물론 모든 사람이 다 공부를 잘하면 그것도 말이 안 되지만, 어쨌든 공부를 관둘 수 없는 이상 남들보다 더 잘해서 손해 볼 일은 없을 것이다.

공부는 재미있고 즐겁다는 것을 느끼게 해주고, 심한 스트레스로 오히려 역효과가 나지 않도록 다양한 방법을 지혜롭게 활용하는 부모님이 되었으면 한다. 평소에 흥미 있는 직업에 대해 관심을 갖도록 유도해주고, 목표하고 있는 학교가 있다면 미리 방문하거나 그 학교에 다니고 있는 선배를 만나보게 하고, 존경하는 인물이나 유명한 위인들의 삶에 대해 대화를 나누는 것도 꿈을 키워주는 좋은 방법이다.

좋아하는 일을 하면서 돈까지 번다면 그야말로 행복한 인생일 것이다. 어려서부터 꾸준히 아이들의 흥미와 적성을 관찰해서 잠재능력을 꽃 피우게 도와주는 것은 우리 어른들의 몫이다. 물론 꿈은 자라면서 수십 번 바뀐

다. 나 역시 그랬고, 부모님들도 대부분 그랬을 것이다. 그러므로 지금 당장 내 아이의 특기를 찾아서 어떻게 해보겠다고 성급하게 마음먹지 말고, 아이가 좋아하는 것을 차근차근 따라가면서 그에 필요한 정보를 제공하며 조언을 해주면 된다.

그리고 학교 성적이 인생의 전부는 분명 아니지만, 필요한 시기에 습득된 지식은 미래를 위한 준비라고 할 수 있다. 그래서 학교 선생님들은 필요한 단계에 습득해야 할 지식을 놓치지 않도록 최선을 다한다. 물론 친구들과 사이좋게 지내고, 여러 감성을 풍부하게 하는 활동들도 중요하게 여긴다. 교과 공부만큼이나 마음 공부도 중요하기 때문이다. 머리가 좋고 공부만 잘하는 아이들은 이기적이거나 다른 이들의 마음을 헤아리지 못하는 맹점을 갖고 있다. 따라서 아주 어릴 때부터 착하고 따뜻한 마음을 보고 배우고 실천하도록 도와주어야 한다. 그리고 공부에 관해서는 '즐기는 법'을 깨치게 해야 한다.

예습은 흥미를 잃지 않을 만큼만 시켜라

대부분의 학급에서는 국어, 수학, 사회, 과학 단원평가를 꾸준히 치른다. 평가의 목적은 아이들이 일정 기간 동안 얼마나 잘 배우고 익혔는지를 확인하는 데 있다. 가르친 내용을 잘 모르면 다시 한번 복습하고, 잘 이해하고 있으면 다음 진도로 넘어가기 위한 것이라 할 수 있다.

단원평가, 수행평가, 중간고사, 기말고사 등등 쉴 새 없이 치러지는 시험 행진 때문에 아이들은 숨이 막힐 지경이다. 그럼에도 불구하고 공부를 잘하고 싶은 아이라면 딱 두 가지만 기억하면 된다. 첫째는 수업 중에는 무조건 선생님과 눈을 마주치면서 수업내용에 귀 기울이는 것이고, 둘째는 학교 진도에 따라 하루 2~3쪽씩 관련 문제를 풀어보는 것이다. 저학년 때부터 이 두 가지만 습관으로 만들어 놓으면 자기주도학습은 저절로 이루어지게 된다.

초등교육은 모든 공부의 기본을 가르치는 교육이다. 상식적으로 알아야 할 지식들을 배우는 과정이므로 또래에 비해 뒤처지는 아이들은 방학을 이용해 따라오게 해야 한다. 방학 때 미리 2학기 공부를 선행학습시키는 부모님들이 많은데, 가능한 교과서 내용은 건드리지 않고 비슷한 내용을 예습시키는 것이 좋다. 미리 교과서를 공부하게 되면 막상 학교에서 공부할 때는 흥미를 잃게 되기 때문이다.

그렇다면 과목별 공부는 어떻게 해야 할까? 우선 국어는 교과서에 실린 내용의 원본을 읽는 방법이 좋은데, 그 제목들은 교과서 맨 뒤쪽에 있는 '실린 작품'에 나와 있다. 수학은 내용이 쉬운 문제집을 골라 예습하게 하고, 전(前) 학년이나 전(前) 학기 복습이 목적이라면 조금 어려운 것에 도전해도 좋다.

또한 가족들과 함께 체험학습을 하는 것이 가장 좋다. 특히 저학년 아이들에게는 구체물이나 직접 경험이 매우 효과적인 학습방법이다. 요즘에는 학교에서 개근상이나 특별한 제재가 없기 때문에 시간이 허락된다면 아이들을 데리고 많이 돌아다니는 것이 좋다. 체험학습 신청서를 미리 내고, 다녀와서 보고서만 제출하면 7일(공휴일 포함)까지는 모두 출석을 인정한다. 그리고 4학년만 되어도 아이들이 같이 가자고 해도 안 다닌다는 것을 알아두는 게 좋다. 그러니 아이가 저학년일 때 함께하는 시간을 충분히 갖도록 노력해야 한다.

가정이 건강하고 행복하면 사회는 저절로 잘 돌아가게 되어 있다. 개인적으로 나는 요즘 무서운 사건사고들이 많아진 이유가 '가정이 무너졌기 때문'이라고 생각한다. 하지만 환경이 나빠졌다고 절망할 필요는 없다. 어려운 환경을 극복하고 훌륭하게 성장한 위인들도 많지 않은가! 어쨌든 아이들은 사랑을 먹고 자라는 것은 틀림없다. 아이들에게 공부하라는 잔소리만 하지 말고, 부모님들도 자녀교육에 관해 끊임없이 공부해야 한다. 그러니 지금부터라도 '사랑은 넘치되, 표현은 넘치지 않게'를 실천하는 부모가 되기를 바란다.

시험을 망친 당사자가 가장 속상하다

뭐니뭐니해도 공부는 자기 자신을 위해 하는 것이다. 간혹 아이들이 백점을 맞았다고 선물을 안겨주는 부모님들이 있는데, 그러지 말아야 한다. 평가결과가 좋다는 것만으로도 충분히 가치가 있다는 것을 알아야 공부하는 기쁨이 커지게 된다. 열심히 노력해서 얻은 보람, 새로운 것을 알아가는 즐거움, 높은 점수를 받았을 때 느끼는 희열, 공부를 하면 자기 자신에게 좋은 점 등을 배우는 것이 중요하다. 아이가 즐겁게 공부하는 습관을 갖도록 도와주자.

특히 부모님들이 간과하는 것이 있는데 시험을 망쳤을 때 가장 큰 상처를 받는 쪽은 부모가 아닌 아이들이라는 사실이다. 이런 경우에는 무조건 다그치기보다는 아이를 다독여주고 성적을 만회할 방법을 함께 고민해야 한다. 이를테면 매일 2~3쪽씩 문제집으로 복습하기, 시험을 볼 때 실수하지 않도록 문제를 꼼꼼히 잘 읽고 풀기(특히 틀린 것 고르기, 옳은 것 고르기), 괄호 안에 숫자로 답 쓰기, 바른 글씨로 정답 쓰기, 맞춤법 등을 연습해두면 좋다고 이야기해주자. 2, 3학년 때 올바르게 공부습관을 잡아두면 4학년 이후에는 아이들의 학교생활이 한결 수월해진다는 것을 알려주는 것도 좋다.

한비야 씨의 책 《그건, 사랑이었네》를 보면 가슴에 와 닿는 이야기가 나온다.

"나이 마흔에 중국어를 배우러 간다고 했을 때 많은 사람이 그 나이에 배워서 어디에 쓰겠냐고 했다. 나는 마흔에 배워서 여든까지 40여 년 동안 쓸 수 있으니 충분히 남는 장사라고 말했다. 사람을 꽃에 종종 비유한다. 꽃처럼 사람들도 피어나는 시기가 다 따로 있다. 어떤 이는 초봄의 개나리처럼, 어떤 이는 한여름의 해바라기처럼, 어떤 이는 가을의 국화처럼, 어떤 이는 한겨울 매화처럼, 이렇게 따지고 보면 늦깎이란 말은 없다."

아이가 또래에 비해 느리다고 조급해 하지 마라. 계절을 달리해서 피는 꽃들처럼 우리 아이들이 제때 아름답게 피어나도록 기다려주자.

공부만 하는 아이로
키우지 마라

주희는 지적 능력이 매우 뛰어난 아이다. 게다가 모범생이고 책임감도 매우 강해서 선생님의 관리가 따로 필요없는 아이다. 책을 많이 읽어서 다방면에 걸쳐 지식이 해박하고, 그 지식이 놀랄 만큼 전문적인 수준이어서 가끔씩 깜짝 놀라곤 했다.

주희는 매일 백과사전을 들여다보는 게 취미였다. 백과사전을 읽고 있는 주희가 신기한 듯 주변 친구들이 둘러싸며 물었다.

"너, 이거 읽는 거야? 정말 대단하다. 백과사전이 뭐가 재미있니?"

"너희도 읽어봐. 만화책보다 재미있어."

"너, 이런 거 몇 권 읽었어?"

"우리 집에 30권 있는데 거의 다 읽었어."

아이들은 주희의 대답에 혀를 내둘렀다.

수학 한 단원 공부가 끝나면 단원평가를 보는데 주희는 1년 동안 내내 100점을 맞았고, 1, 2학기 중간고사와 학기말고사 전 과목에서도 실수로 한 문제만 틀렸을 정도로 성적이 우수했다.

골인지점 반대로 달리던 아이

그런데 다른 예체능 과목이나 사회성에서는 문제가 있었다. 음악이나 미술, 체육 과목은 전혀 하려고 들지 않았고, 미술시간에 사람을 그렸는데 유치원 아이가 그린 것처럼 전혀 균형이 맞지 않았다. 음악시간에 했던 악기 연주에도 시큰둥했다.

학년 체육대회가 있는 날, 반 전체가 모두 달리기 릴레이에 참여하는 반대항 경기를 치렀는데, 주희가 갑자기 골인지점을 등지고 반대쪽으로 달려 아이들과 나를 당황케 한 일도 있었다. 친구들이 깜짝 놀라 그쪽이 아니라고 소리치자 주희는 그제야 알아차리고 다시 제 경로로 달리기 시작했다. 결국 1등을 하던 우리 반이 2등이 되었는데, 아이들은 주희 때문이라고 불만을 토로했다.

"왜 반대쪽으로 달렸니?"

나중에 내가 따로 불러 물어봤지만 주희는 대답이 없었다.

점심시간이나 쉬는 시간에는 혼자 책상에 앉아 책을 보고 있거나 도서실에 가서 책을 빌려온다. 어느 날 점심시간이 끝나고 5교시 수업이 시작되고 한참이 지나도 주희가 들어오지 않아서 아이들에게 물었더니 한 아이가 "도서실에 있는 거 봤어요"라고 말했다.

도서실에 가보았더니 아무도 없는 공간에 혼자 앉아 책에 푹 빠져 있었다. 코에서 콧물이 줄줄 나오는데—알레르기 비염이 있다고 했다—닦지도 않고 집중해서 책을 보는 주희가 신기하기도 하고, 한편으론 기특하기도 했다.

"무슨 책이 그렇게 재밌니?"

내가 다가가 물어보자 그제야 코를 닦으며 "역사책 시리즈예요. 그런데 왜 아이들이 없지요?" 하고 되묻는다. 그 후로도 나는 여러 번 도서실로 주희를 찾으러 가야 했다.

다양한 체험 기회를 제공하라

우리가 음식을 골고루 먹어야 몸에 필요한 필수영양소들을 제대로 섭취할 수 있듯이 아이들에게는 다양한 체험 기회를 주어야 지덕체를 갖춘 사람으로 성장할 수 있다. 아이가 책을 좋아한다고 책만 읽게 내버려 둔다든지, 레고를 좋아하니까 조립만 하고 놀게 두는 것은 한 가지 음식만 먹는 편식 습관을 방관하는 것과 같다.

주희는 부모님이 바쁜 탓에 혼자 있는 시간이 많았는데, 그 시간에 주로 책을 보며 지내다가 사회성이 떨어진 것이다. 아이들이 독서를 할 때에는 다양한 장르의 책을 읽을 수 있도록 도와주어야 하고, 전시회나 공연, 영화, 연극, 체험학습 등의 다양한 체험 기회도 만들어주어야 한다. 또한 그림도 그려보고 악기도 배워보고 스포츠 활동도 해보면 좋다. 이런 다양한 경험을 하다 보면 어느 한편으로 치우치지 않고, 아이의 재능이 어디에 있는지도 발견할 수 있다.

또한 아이들은 아이들끼리 서로 부대끼면서 자라야 제대로 성장할 수 있다. 친구 없이 혼자서만 생활하다 보면 이다음에 사회에 나가서도 적응하기 힘들다. 사회성이 부족하다면 아이들과 함께하는 프로그램에 참여시키는 것을 추천하고 싶다. 그런 점에서 학교에서 운영하는 스카우트나 아람단, 해양소년단 등의 활동은 요즘 같은 저출산 사회에서는 더욱 필요하고 유익한 활동이라 하겠다.

아이들의 생각, 아이들의 문화를 모르면
우리 아이만 별난 것 같고 우리 아이만
되바라지지 않았나 싶어 공연히 불편한 감정이 쌓일 수 있다.
그런데 이렇게 앞서나가는 문화에 대해서는 걱정할 필요가 없다.
오히려 우리 아이가 친구들과의 관계 속에서
충분한 우정을 키워가지 못하는 것을 더 큰 문제로 받아들여야 한다.

2장

친구에게 목매는 아이들,
이상할 것 없다

비방을 받으며 자란 아이는 비난하는 법을 배우고,
적대와 미움을 받고 자란 아이는 싸우는 법을 배우며,
질투를 보며 자란 아이는 죄의식을 배우지만,
포옹과 친밀함으로 자란 아이는
세상 속에서 사랑을 발견하는 법을 배운다.
• 도로시 로 놀트 •

아이들만의 문화를
인정하라

민식이는 오늘도 상담실에 숨어 있었다. 쉬는 시간에 교실을 난장판으로 만들어놓고 혼자서 줄행랑을 친 것이다.

사물함 위에 올라가서 누워 있기, 책상 위에서 춤추기, 책상 사이로 뛰어다니며 술래잡기하기, 선생님이 들어와도 엎드려 잠자기, 수업시간에 큰소리로 농담을 던져서 분위기 흐리기, 개그 프로그램 유행어 따라 하기.

5학년 민식이가 학기 초부터 보였던 행동 목록이다. 그런데 한 달이 채 가기도 전에 명렬표를 살피며 곰곰이 생각해 보니 이제는 이런 행동을 하는 아이가 민식이만이 아니다. 그 옆자리에 앉아 있던 종민이도 준수도 민우도 어느덧 민식이의 행동을 하나하나 따라 하면서 산만한 분위기를 함께 조장하고 있다. 심지어는 17명의 남학생 중에 얌전해 보이는 아이가 하나도 없어 보인다. 참 난감한 노릇이다.

아이들은 모두 친구 따라 강남 간다

이 아이들을 어찌해야 하나 고민하고 있던 어느 날, 지윤이가 앞머리를 참 얄궂게도 잘라왔다. 최근 인기몰이를 하고 있는 한 연예인의 헤어스타일을 따라한 모양이다.

'내일이면 몇 명 더 나타나겠네…….'

지윤이는 겉으로 보면 모범생에 평범한 아이지만 외모에도 관심이 많고, 뭐든 못하는 것이 없을 정도로 욕심이 많다. 한동안 관심을 기울이다 보니 지윤이가 일상적인 변화를 시도하면 며칠에 걸쳐 주변 아이들에게서도 비슷한 분위기가 흐른다는 것을 감지할 수 있었다. 지윤이가 좋아하는 연예인, 지윤이가 공부하는 학습지, 지윤이의 학용품, 지윤이의 청바지, 지윤이의 말투와 자른 앞머리까지 모두 따라 하는 것이다. 처음엔 짝꿍인 희영이부터 지윤이를 따라 하더니 이제는 그 무리가 점점 더 많아지고 있다. 여자 아이들은 심지어 신경전까지 벌이며 지윤이에게 민감한 반응을 보인다. 좋은 부분만 따라 하면 좋겠지만 남의 시선을 크게 의식하는 이 나이대의 아이들은 그러기가 쉽지 않다.

1학기 중반 무렵이 되자 학급은 어느덧 크게 세 무리의 아이들로 나뉘어졌다. 별생각 없이 재미있어 보이는 민식이를 따라 독립운동을 벌이는 민식이파 아이들과, 지윤이를 따라 무리짓기를 하는 여자아이들, 그리고 그 어느 쪽에도 관심이 없는 몇몇 아이들. 이쯤 되면 교사의 중재가 필요해진다. 인정할 부분은 인정해주되 온종일 그 일로 술렁이지 않도록 관리해주어야 하는 것이다.

'친구 따라 강남 간다'는 속담이 있다. 자신의 줏대나 목적 없이 다른 사람의 행동을 따라 하는 사람들을 이르는 말이다. 우리 아이들이 커가는 모습을 살펴보면 딱 그 짝이다. 친구를 따라 할 때는 좋은 행동이건 나쁜 행동이건 가리지 않는다.

반두라라는 학자는 인간관계에서의 모방학습과 모델링에 대해 언급한 바 있다. 인간은 사회적 관계를 통해 성장하고 학습을 하게 된다는 내용이다.

아이들끼리의 유행에 가끔은 눈감아줘라

"엄마, 지윤이 알지? 걔도 어제 머리 염색했단 말이야. 나도 할래!"
"이제 우리 반에서 핸드폰 없는 사람은 나 하나뿐이야!"
"이게 우리 반 유행이란 말이야!"
이런 이야기를 듣다 보면 부모님들은 "너, 지윤이처럼 공부도 좀 열심히 해봐라", "그 아이는 부모님 말씀도 잘 듣고 책도 많이 읽는다는데, 넌 왜 이런 것들만 따라서 하니?"라는 꾸지람부터 늘어놓기 마련이다. 그러나 어쩌겠는가? 아이들의 입맛에 맞는 것은 따로 있는 것을! 그 입맛을 지혜롭게 조절해 주는 것이 어쩌면 부모의 역할이 아니겠는가.

학급 아이들을 지켜보면 앞서 이야기한 민식이나 지윤이처럼 아이들이 사용하는 용어, 사용하는 학용품, 좋아하는 연예인, TV 프로그램 모두 흐름을 탄다는 것을 알게 된다. 그것은 대중문화의 영향을 받아서 시작되는 경우도 있지만, 학급 아이 중에 입담이 좋거나 유머감각이 있거나 통솔력이 있는 아이들 몇몇의 행동을 여과 없이 그대로 따라하는 경우가 더 많다. 그러다 보니 대중매체에 관심이 없거나, 유행을 선도하는 친구들에게 무덤덤한 반응을 보이는 아이들은 대화에 끼지 못하는 경우도 생긴다. 그래서 때로는 아이들과의 화합을 위해 아이들의 유행에 교사가 먼저 민감해져야 하는 건 아닌지, 혹은 그 모든 것을 조정해서 적정선을 지키게 해야 하는지 그 판단을 놓고 고민을 하기도 한다. 물론 민식이의 경우처럼 다른 사람들에게 피해를 주는 행동은 엄격하게 통제해야겠지만, 시대에 따라 유행이 달라지는 대중문화를 억지로 통제하는 시도를 꼭 해야만 하는지에 대해서는 개인적으로 부정적인 생각을 가지고 있다.

어쩌면 우선은 아이들에게 문화를 변별할 수 있는 판단력을 키워주는 일이 먼저일 것이다. 아무 생각 없이 무분별하게 따라 하는 경우에는 예상되는 결과를 생각해보게 한다든지, 장단점을 미리 파악해보게 하는 것도 하나의 방법이다.

급변하는 현대 사회에서 접하게 되는 수많은 문화를 변별해 유익하게 활용할 수 있다면 그보다 더 큰 경쟁력이 어디 있겠는가. 변화와 유행에 민감하게 반응하는 이 아이들이 어쩌면 미디어 시대의 수많은 자극 속에서 융통성 있게 잘 적응하고 있는 건지도 모른다. 아이들의 이유 없는 모방심리와 유행을 잠시 모른 척 눈감아줄 수 있는 융통성과 여유가 있는 부모가 되었으면 하는 바람이다.

화장실도 손잡고 다니는
초등 '베프'들

"왜 같은 칸에 여럿이 들어가 있는 거야?"

쉬는 시간에 화장실에 가보면 여자아이들 두세 명이 화장실의 같은 칸에 들어가 속닥속닥 대화를 나누는 모습을 자주 마주친다. 굳이 그런 상쾌하지 않은 좁아터진 공간에서 비밀 이야기를 해야겠나 싶은 마음에 아이들을 쫓아보지만, 다음 쉬는 시간에도 상황은 마찬가지다.

"너희들, 화장실 안에서 뭐해?"라고 살짝 물어보니 "별거 없어요. 그냥 이야기하고 잠시 같이 있다가 오는 거예요"라며 쑥스러운 듯 웃는다. 말 그대로 별것 없는데 그 좁은 공간에 같이 있고 싶은 마음은 무엇일까?

미국의 심리학자 매슬로우는 인간의 욕구를 생리적 욕구, 안전의 욕구, 소속감의 욕구, 존경의 욕구, 자아실현의 욕구로 나누어 설명했다. 생리적인 욕구와 안전의 욕구가 인간의 기본적인 신체적 욕구를 채우는 본능적인 욕구에 가깝다면 소속감의 욕구, 즉 애정의 욕구는 모든 인간이 지닌 사회적인 욕구라고 할 수 있다. 화장실에 들어가 속닥거리는 아이들의 모습을 누군가에게 받아들여지는 소중한 경험, 그 소속감의 욕구를 충족시키려는 행동으로 이해해보자고 한다면 말도 안 되는 억지라고 할까?

베프가 있어야 학교생활이 즐겁다

학급에서 아이들의 친구관계를 살펴보면 끼리끼리 모여 있는 몇몇 아이들이 있다. 서로가 서로에게 얽혀 있어서 떼려야 뗄 수 없어 보이는 단짝, 소위 '베프'를 말한다. 알다시피 베프는 '베스트 프렌드'의 줄임말이다. 여자아이들의 경우엔 같은 화장실 칸에 들어가서 속닥거릴 수 있는 친구를 가리키고, 남자아이들의 경우에는 벌을 받을 때 같이 책임을 지고 동행해줄 수 있는 친구를 말하는 듯하다.

초등학교 고학년쯤 된 우리 아이들에게 베프는 학교생활에서 즐거움과 희망을 주는 중요한 요건이다. 아이들에게 조사해서 꼽아본 '베프의 조건'은 대략 다음과 같았다.

- 성적이 비슷할 것
- 외모(분위기)가 비슷할 것

- 좋아하는 가수(연예인)가 비슷할 것
- 가정의 경제력이 비슷할 것

이러한 베프의 조건이 영 터무니없는 이야기처럼 들리지 않는 이유는 어른들의 친구관계 역시 거의 비슷하기 때문이다.

교사의 시각에서 바라본 아이들의 친구관계는 변화무쌍하다. 특히 남학생들보다는 여학생들의 무리짓기가 더 그렇다. 남자아이들은 활동 반경에 따라, 그리고 그 순간의 필요에 따라 특별한 무리짓기 없이 떼를 지어 어울리는 경향이 있다. 반면에 여학생들의 친구관계는 참으로 복잡미묘하다. 때로 몇몇 아이들끼리 무리를 짓기도 하고, 친하던 아이들끼리 토라지기도 하지만 딱 두 명이서 단짝으로 묶인 아이들에게는 다른 무리짓기가 중요치 않은 것처럼 보이기도 한다. 현장학습에 가는 버스 안에서 그리고 점심을 먹는 시간에도 '누구랑 함께 자리에 앉지?', '누구와 점심을 먹고 누구랑 화장실에 가지?'라는 고민 없이 옆구리를 든든히 지켜줄 단 한 사람이 되기 때문이다. 물론 베프가 딱 하나가 아니라 여러 명인 경우도 있다. 그런 경우에는 서로서로 베프라는 이름을 붙여줌으로써 '친구 관계'라는 안전한 테두리를 만들어두는 것 같다.

학교생활이 힘들어도 베프만 있다면 OK

예전에 6학년을 가르치던 시절에 학교에 오면 도무지 말을 하지 않는 지연이라는 아이가 있었다. 교실에서 유심히 살펴보아도 자발적으로 입을 여는 일이 거의 없었고, 이런저런 이야기를 건네 보아도 아주 가끔 작은 딸싹거림만 볼 수 있는 아이였다.

'저 아이는 무슨 재미로 학교에 오는 걸까?' 나를 고민케 했던 그 아이는 비밀이 하나 있었다. 지연이는 유치원 때부터 함께 다니던 베프가 한 명 있었다. 그 친구도 그리 튀지 않는 조용한 성품이었지만, 자신이 생각하는 것을 조근조근 이야기할 줄 아는 평범한 아이였다. 학교가 끝나면 그 아이와 함께 집에 가고 아침이면 같이 학교에 올 수 있는 그 친구가 새로운 환경에 적응하기 어려워하는 지연이에게는 '숨겨둔 보물'이었던 셈이다. 지연이의 숨겨둔 베프를 발견한 날, 나는 안도의 한숨을 쉬었다. '최소한 학교에 오는 게 외롭고 힘들어서 학교를 빠지지는 않겠구나' 하는 생각 때문이었다.

아이들의 학교생활에서 가지는 베프의 의미는 조금 달라져야 할 것 같다. 아이가 '학교생활에서 살아남기 위한 최소한의 VIP$^{\text{very important person}}$'의 첫 글자를 따서 베(V)프(Friend)라고 이름 짓는 게 좀 더 맞는 표현이 아닐까 생각된다.

당신은 아이의 베프가 누구인지 알고 있는가? 현명한 부모가 되고 싶다면 또래 아이들과 좋은 친구관계를 형성할 수 있도록 함께 먹을 간식이라도 챙겨주는 센스를 발휘하자. 또, 오랫동안 한 친구와 친하게 지낸다면 그 아이가 내 자녀에게 어떤 영향을 미치는지, 내 아이가 그 친구에게 어떤 영향을 미치는지를 고민해볼 필요도 있다.

모두가 좋아하는
아이는 따로 있다

오늘도 준혁이는 점심을 먹는 둥 마는 둥 하더니 축구공을 들고 운동장으로 뛰어나간다. '축구가 저렇게 좋을까?' 하는 생각에 밥을 마저 먹으라는 잔소리가 쑥 들어가고 피식 웃음이 났다. 점심 먹는 시간도 아까울 만큼 친구들과 밖에서 뛰어노는 것을 좋아하는 준혁이는 언제나 표정이 밝고 걱정거리가 없어 보였다.

준혁이의 학업 성적은 중상위권이었다. 어느 한 과목에 두각을 보이는 것은 아니지만, 그렇다고 심각하게 성적이 떨어지거나 문제가 있어 보이지도 않았다. 또한 이해력이 좋은 편이어서 어려운 수학문제를 설명해주면 또래에 비해 잘 따라왔다. 그렇다고 시험점수를 높이려고 더 열심히 공부하거나 학원을 이곳저곳 많이 다니는 아이도 아니었다.

여느 남자아이들처럼 수업시간에 친구와 장난을 치다가 주의를 받았고, 숙제도 야단맞지 않을 정도로만 했다. 일주일에 세 번씩 검사를 받는 일기도 세 번을 모두 써오는 경우는 드물었고, 쓰더라도 한두 줄이 전부인 아이였다.

리더십 있는 의리파 친구가 인기 있다

이처럼 다른 일에는 시큰둥한 준혁이가 가장 적극적으로 참여하는 시간이 바로 체육시간이다. 체육시간에는 어떤 것을 해도 불평 없이 열심히 참여한다. 물론 준혁이가 좋아하는 축구나 발야구 등 공놀이를 하는 날은 더없이 신나하지만, 꼭 그런 게임활동이 아닌 줄넘기나 육상을 할 때에도 선생님의 말을 경청하고, 미리미리 준비물도 챙겨놓는 등 체육 수업시간이 원활하게 진행되는 데 한몫 단단히 한다. 매트 운동이나 장애물 달리기 등 준비물을 많이 사용한 날에는 쉬는 시간까지 남아서 수업시간에 사용했던 물건들을 체육 창고에 정리하기도 한다.

준혁이는 운동을 무척 잘하지만 키와 몸집이 또래에 비해 작은 편이어서 늘 앞자리를 도맡았다. 그럼에도 불구하고 리더십이 있어서 본인보다 덩치가 큰 아이들과 똘똘 뭉쳐 다닌다. 뿐만 아니라 공감 능력이 있어서 다른 친구들의 말에 귀를 기울일 줄 알고, 친구들 사이에서 다툼이 벌어졌을 때 중재자 노릇을 제대로 하기도 한다.

1학기 부회장을 할 때에는 반을 대표해서 선생님께 야단을 맞기도 했고, 다른 친구들보다 궂은 일을 해야 할 때도 불평 없이 학교생활을 했다. 한마디로 준혁이는 리더십 있는 의리파 친구였다.

하루는 준혁이와 친하게 지내는 친구 중 한 명이 선생님의 허락도 없이 점심시간에 무단으로 집에 다녀오는 작은 사건이 있었다. 선생님 모르게 학교 밖으로 외출하는 것은 혹시 모를 사고의 위험이 있어서 엄격히 금지되어 있는 규칙이다. 나는 처음 발생한 일이라 이참에 단단히 주의를 주어야겠다고 생각하고 허락도 없이 밖으로 나간 사람이 누구인지를 물었다. 그랬더니 한 학생이 쭈뼛거리며 일어서는가 싶더니 준혁이를 포함한 거의 모든 남학생들이 자기도 집에 다녀왔다면서 자리에서 일어서는 것이었다. 다 함께 일어나서 벌을 서는 것이 6학년 남자아이들이 생각한 '우리들만의 의리'였던 모양이다. 나는 단체로 거짓말하는 것을 알고 있었지만, 그 행동이 선생님에게 도전한다든가 반항을 하는 것처럼 보이지 않고 순수하게 친구를 위하는 마음으로 보여 모른 척했다. 그리고 모두에게 똑같은 벌을 주었다. 한편으로 이 사건을 계기로 더욱 돈독해질 그 아이들의 우정을 생각하니 무척 흐뭇했다.

최고의 인기 비결은 '공감 능력'

과제를 딱 야단맞지 않을 정도로만 하고, 수업시간에도 친구들과 어울리느라 시끄러운 학생을 좋아하기란 쉽지가 않다. 그럼에도 불구하고 선생님이나 반 친구들 모두가 준혁이를 좋아한다. 나는 그것이 준혁이의 공감 능력 때문이라고 생각한다. 준혁이는 친구들의 기분도 잘 읽어내지만, 선생님의 기분도 잘 읽어 언짢게 하는 경우가 없다. 장난을 치더라도 선생님이 허용하는 범위를 잘 알고 선을 넘지 않았다. 간혹 장난꾸러기들 중에는 선생님과 농담을 주고받다가 결국 야단을 맞고서야 끝나는 경우가 많다. 그것은 장난의 수위를 잘 지키지 못하기 때문이다. 준혁이는 상대의 기분을 감지하는 능력이 다른 학생들보다 뛰어나다. 내가 감기에 걸려 힘들어하는 날에는 반 친구들에게 선생님이 아프시니 오늘만큼은 조용히 하자고 당부하기도 했다. 게다가 키는 작은데 운동을 무척 잘해서 반 대항 축구시합을 하면 우승에 큰 몫을 해냈고, 어린이날 기념 체육대회나 운동회 때는 반대표 릴레이 선수로 나갔다.

아이들은 성장하면서 수없이 변하기 마련이지만, 그중에서도 어떤 아이들은 어른이 되어서도 참 예의 바르고 멋질 것 같다는 생각이 들 때가 있다. 물론 이런 판단을 내리는 기준은 시험 점수나 등수가 아니다. 심리적, 정서적 상태, 친구관계 등을 보면 성적과는 관계없이 어려움이 닥쳐도 꿋꿋이 이겨내고 무슨 일을 하든 '행복한 삶을 살겠구나' 하는 생각이 드는 것이다.

준혁이의 경우도 마찬가지다. 앞으로 공부를 더 잘하게 될지 어떨지는 당장 판단할 수 없지만, 주변 사람들과 잘 어울리고, 늘 긍정적인 마음으로 세상을 풍요롭게 살아나갈 수 있을 거라는 확신이 드는 아이다.

엄마,
난 친구랑 약속 있어!

매년 학기 초가 되면 '학부모 총회'가 열린다. 효정이 어머니는 총회가 끝난 후에 열린 상담시간에 허심탄회하게 가정사를 털어놓았다.

"선생님, 우리 효정이는 저하고 거의 대화를 하지 않아요."

"네?"

"주말에 온 가족이 함께 밥을 먹을 때도 밥상 밑으로 핸드폰만 만지작거리다가 자리를 떠요. 제가 뭐라고 한마디라도 할라치면 대꾸도 없이 방으로 들어가 버려요."

요즘 아이들은 밥상머리에서 어머니, 아버지의 이야기를 듣는 것보다 친구들과 문자를 주고받는 것이 더 중요하다고 생각하는 것 같다. 아마도 가족 구성이 대가족에서 핵가족으로 분산되면서 생겨난 문제일 것이다. 부모들은 자녀를 점점 더 중요한 존재로 생각하는데, 아이들 마음속에는 부모가 아닌 다른 누군가가 그 자리를 대신한다. 그중 하나가 바로 친구이다. 그러다 보니 여러 학부모, 학생들을 만나 이야기를 나눠보면 한결같은 결론이 떨어진다. 부모님의 고민은 '우리 딸(혹은 아들)과 친해지기', 아이들의 고민은 '같은 반 친구 ○○와 친해지기'로 말이다. 부모들은 자녀들에게 목말라 있고, 아이들은 친구들에게 목말라 있는 현실인 것이다.

외식보다 친구와의 약속이 중요한 아이들

"엄마 시장 다녀올게."

"나도 같이 갈래."

"아냐, 금세 다녀올 테니까 집에서 숙제하고 놀고 있어."

"그래도 같이 가면 안 돼? 숙제는 갔다 와서 할게."

우리 어른들에게는 어머니가 시장에 갈 때면 무작정 따라나서겠다고 떼를 쓰던 시절이 있었다. 시장에 가면 볼거리도 많고, 붕어빵 하나라도 얻어먹을 수 있었기 때문이다.

우리 세대는 어머니 혼자 어딜 다녀오겠다는 말을 들으면 괜하게 서운하고 속상해했다. 하지만 요즘 초등학교 고학년 즈음의 아이들에게 어디를 같이 가자고 권했다가는 너무도 솔직한 아이들의 대답에 서운함을 넘어 울컥 넘어오는 눈물을 삼켜야 할지 모른다.

"그냥 집에 있으면 안 돼?"

"할아버지 집에 안 가면 안 돼?"

"나 할 일 엄청 많은데. 학원도 빠지면 안 되잖아."

"친구 만나기로 했는데?"

우리 아이들은 '자유'를 갈망한다. 그리고 그 자유 속에는 친구들과의 다양한 끈이 엮여 있다. 부모님과 함께하는 외출보다, 오랜만의 가족 외식보다, 그리고 심지어는 오래전에 계획했던 가족여행보다 더 소중하다고 느껴지는 것이 바로 아이들의 마음속에 자리 잡은 친구들과의 의리와 약속이다. 아이들이 이렇게 달라진 이유는 무엇일까?

10년, 20년 전의 아이들에게도 친구들은 있었다. 그때 친구들은 언제가 됐든 특별한 약속 없이도 함께 만나서 뛰어놀 수 있었다. 하지만 지금의 아이들은 사정이 좀 다르다. 굳이 약속을 정하지 않으면 친구들을 만날 수 없고, 학원과 과외 등의 방과 후 활동을 피해 스케줄을 조율하다 보면 시간 맞춰 놀기가 하늘의 별 따기다. 그러다 보니 친구들과의 시간이 더 희소하고 소중한 경험이 되어버렸다. 그래서인지 아이들은 그 시간을 짜릿하고 즐겁게 만들기 위해 좀 더 자극적이고 스릴감 있는 문화를 찾아 헤맨다.

아이들의 돈독한 우정을 인정해줘라

지금의 어른들은 대학생이 되어서야, 혹은 성인이 되어서야 영화, 노래방, 쇼핑 등의 문화생활을 즐겼지만, 요즘 아이들에게는 이러한 문화가 너무 자연스럽고 일상적이다. 아이들의 일기장에는 시험이 끝나고 친구들과 노래방에 다녀왔다는 둥, 생일날 친구들과 패밀리 레스토랑에서 생일파티를 했다는 둥, 친구들과 함께 최신 영화를 보고 왔다는 이야기들이 수도 없이 등장한다. 그런데 이러한 아이들을 바라보는 부모들의 시각은 아이들의 문화를 따라가지 못하는 것 같다.

어쩌면 딸과 대화하는 게 어렵다는 효정이 어머니의 이야기는 당연한 결과일지 모른다. 아이들의 생각, 아이들의 문화를 모르면 우리 아이만 별난 것 같고 우리 아이만 되바라지지 않았나 싶어 공연히 불편한 감정이 쌓일 수 있다. 그런데 이렇게 앞서나가는 문화에 대해서는 걱정할 필요가 없다. 오히려 우리 아이가 친구들과의 관계 속에서 충분한 우정을 키워가지 못하는 것을 더 큰 문제로 받아들여야 한다.

친구들과의 원활한 교제와 자유로움을 갈망하는 자녀들, 그리고 아이들과의 정서적인 교류를 원하는 가족들 사이에서 과연 누가 먼저 손을 내밀어야 할까?

"시험 끝나고 친구들이랑 노래방에 가기로 했어요."

"햄버거 먹고 영화 보고 올게요."

"명동에 가서 옷 사고 싶은데 돈 좀 주세요."

아이들의 이런 이야기를 듣는 순간 아직도 마음속에 불편한 감정이 일어난다면, 아이를 설득하기 전에 아이의 모습 그대로를 인정해보려는 마음가짐을 가져보자. 다양한 대중매체에서 접하는 수많은 문화적 자극 속에서 친구와 손을 잡고 누리는 시간이 부모와 지내는 시간보다 더 짜릿한 즐거움을 주는 것은 어찌 보면 당연한 일 아닐까?

　나는 아이들의 돈독한 우정을, 그들만의 톡톡 튀는 문화를 존중해주고 믿고 기다려주자고 말하고 싶다. 때로는 이해되지 않고 야속하고 궁금하더라도 아이들만의 방식을 이해해주자는 말이다. 아이들은 그런 친구들과의 관계를 통해 사회생활을 경험하고 그 속에서 한층 더 성숙한 모습을 보여줄 것이니.

아이들의 이성 교제, 당황하지 마라

이제 막 새로운 학년을 시작한 3월! 학기 초부터 여자아이들 일기장에 동민이가 자주 등장한다. 동민이는 선생님의 눈에도 훤칠하고 매너 좋고 멋진 아이다. 여자아이들은 그런 동민이와 관련된 크고 작은 사건들을 허투루 넘기지 않는다. 일거수일투족을 세세하게 관찰했다가 일기장에 조심스레 풀어놓는 것이다.

그런데 몇몇 여자아이들 중에서 진희가 적극성을 띠기 시작했다. "선생님, 우리 반 남자아이들 중에 누가 제일 괜찮아요?"라며 분위기를 살피더니만 "선생님은 남자 친구 있어요?", "선생님은 남자 친구 만드는 거 어떻게 생각하세요?"라는 질문도 서슴없이 한다. 그러더니 학기 초의 인기행렬이 잠잠해질 즈음 동민이와 진희가 사귀기로 했다는 소문이 들려왔다. 이성에 대한 흥미만으로 동민이에게 관심을 가졌던 다른 아이들과 달리 진희는 동민이에게 적극적으로 호감을 표현했던 것이다. 막상 둘이 사귄다고 하니 선생님으로서 따로 뭔가를 일러주어야 하는 게 아닐까 고민이 되었다.

초등 30퍼센트 이상이 이성 교제를 한다

초등학교 시기에는 대개 여자아이들이 더 성숙하다. 정신적인 면에서도 그렇지만 2차 성징 등의 신체적인 부분도 여자아이들이 더 이르다. 그러다 보니 이성 교제를 일찍 시작한 성숙한 여학생들이 짧은 치마를 입고 살짝 화장까지 하고 나면 때로는 대학생처럼 보일 때도 있다. 그래서 또래보다 신체적으로 성숙한 딸아이를 둔 부모는 노심초사 걱정이 많을 수밖에 없다. 물론 이성에 대한 관심으로 야한 동영상이나 잡지를 보는 남자아이들이 있는 경우에는 그 관심도가 병적이라 할 만큼 증폭되기도 한다.

교사와 부모 입장에서는 걱정거리를 만들지 않도록 이성 교제를 원천봉쇄하는 것이 가장 속 편한 일이겠지만, 요즘 아이들에게는 절대 통하지 않는 방법이다. 우리 아이들은 이미 저만치 앞서가고 있다는 것을 알아야 한다.

초등학생들의 이성 교제는 당사자들에게는 가슴 설레고 기분 좋은 일이 틀림없지만, 주변 가족들에게는 왠지 신경 쓰이고 걱정되는 일, 선생님에게는 부추기지도 말리지도 못하는 난해한 상황이다.

초등학교 고학년쯤 된 아이들의 30퍼센트 이상이 이성 교제 경험이 있다고 하니 이제는 우리 어른들이 시각을 바꾸어야 할 때가 맞다. 초등학교 저학년일 때는 남자 짝꿍, 여자 짝꿍의 손을 열심히 잡는다. 현장학습에 갈 때도, 복도 통행을 할 때도, 줄을 설 때도 선생님이 짝지어준 친구의 손을 잡고 자연스럽게 걸어 다닌다.

그러던 아이들이 3학년만 되어도 책상에 선을 긋기 시작하고, 서로 다른 놀이를 하고, 상대에게 시비를 걸며 놀려대기 일쑤다. 그러던 아이들이 고학년이 되면 제법 보는 눈이 생겼는지 인기 있는 몇몇 아이들에게 좋아하는 마음을 표현한다. 그러다가 헤어지는 날에는 며칠 동안이나 우울한 낯빛으로 슬픈 분위기를 잡기도 한다. 이성 교제의 설렘을 느끼면서 커플링을 한다는 둥, 밤새 전화를 했다는 둥, 영화를 봤다는 둥의 말이 들릴 때면 혹시나 걱정이 돼서 내 가슴이 콩닥콩닥 뛸 때도 있다.

바람직한 교제법을 알려줘라

아이들의 이성 교제를 어떻게 생각하면 좋을까? 무조건 말리지도 못하고, 그렇다고 모른 척 내버려둘 수도 없는 아이들의 이성 교제! 요즘 부모와 선생님들에겐 아이들의 성적인 호기심이 자연스럽게 해결될 수 있도록 좋은 문화, 좋은 교제법을 가르쳐주어야 하는 무거운 책임까지 생겼다. 혹시 만나다 헤어지면 연애상담도 해줘야 하고, 바른 교제법도 일러주어야 한다. 학교에서의 성교육이 좀 더 현실화되고 있긴 하지만, 남자아이들의 경우에는 이성 교제에 대해 신체적인 충동조절을, 여자아이들의 경우에는 성(性)에 대한 이해가 더 요구된다.

다음은 이성 교제를 하는 초등학교 아이들이 스스로 생각한 이성 교제의 네 가지 원칙이다.

1. 이성 친구와 오랜 시간 함께 있고 싶더라도 정해진 시간에는 귀가하기
2. 집에 놀러 왔을 때는 이성 친구와 단둘이 있지 않기
3. 이성 교제 때문에 부모님을 속이지 않기
4. 학교 공부에 방해가 되지 않게 하기

_ 청와대 어린이신문 〈푸른누리〉 중에서

이성 교제에 대한 아이들의 생각은 이미 어른들의 사고 범위를 훌쩍 넘어섰다. 아이들은 이성 교제를 할 때 자신이 지킬 일도, 하지 말아야 할 일도 모두 알고 있는 것 같다. 이런 아이들에게 교사와 부모가 해줄 수 있는 일은 믿고 지켜봐주거나 바람직한 교제를 할 수 있도록 안내하는 수밖에 없다.

아이들의 친구관계 이해 백서

1. 자녀의 친구들에게 애정 어린 관심을 보여라.

"아버지 직업은?", "공부는 잘하니?", "무슨 학원 다니니?"라는 질문 대신에 "그 친구는 어떤 간식을 좋아하니?", "오늘은 어떻게 놀았니?"라고 질문하라.

2. 정기적으로 친구와 함께할 수 있는 시간과 공간을 제공하라.

"이번에 나온 영화가 재미있다더라. 이번 주 토요일에는 민지랑 영화 한 편 보고 오렴"이라고 말해줘라.

3. 부모가 먼저 친구들과 좋은 관계를 맺어라.

"너희 넓은 집으로 이사 간다며? 재주도 좋다. 시댁에서 잘해주는구나!"라는 전화통화 대신 "요즘은 어떻게 지내니? 이번에 만든 반찬이 맛있는데 좀 갖다 줄게"라고 말하라.

4. 자녀의 외모관리에 적당한 투자를 해줘라.

유행에 그리 뒤처지지 않는, 그러면서도 단정하고 깨끗한 외모를 위해 적당한 투자가 필요하다. 가령, 아이가 심한 곱슬머리 때문에 스트레스를 받는다면 특수 펌이라도 해주는 센스를 발휘해보자!

5. 아이 베프의 부모를 부모의 베프로 만들어라.

자녀에게 소중한 친구가 있다면 그 친구의 부모와도 좋은 관계를 유지하라.

6. 부모인 당신의 친구들에 대해서도 이야기하라.

부모의 학창시절을 아름답게 만들었던 소중한 친구들의 이야기를 자주 들려주어라.

7. 가족과 함께 이웃을 돕는 정기적인 시간을 가져라.

이웃돕기나 기부는 습관에서 비롯된다. 어려서부터 불우한 이웃을 돕는 습관을 가지도록 가르치자.

8. 부모가 친구가 될 수 없음을 기억하라.

부모는 부모의 자리를 지켜야 한다. 부모를 친구로 여기게 만든다면 아이들은 다른 친구들에게도 부모의 역할을 기대할 것이다.

9. 자녀의 이성 친구에 대해 관심을 가져라.

자녀가 자신의 이성 친구에 대한 이야기를 솔직하게 꺼낼 수 있는 개방적이고 편안한 분위기를 만들어라. 이성 친구에 대한 비밀이 생기기 시작하면 되돌리는 게 쉽지 않다.

10. '친구가 전부인 아이'가 된 이유에 대해 깊이 생각하라.

마음이 예쁜
공주로 키워라

한때 '공주는 외로워'라는 노래가 인기를 끌면서 공주병이 유행했던 적이 있었다. 그런데 요즘 아이들은 자의 반 타의 반으로 대부분이 공주병, 왕자병에 걸려 있는 것 같다. 자녀를 한둘만 낳아 기르는 추세 때문이기도 하지만 물질이 풍요로워져서 아이들의 웬만한 요구사항을 부모들이 다 들어주는 이유 때문이기도 하다. 그렇게 부모님의 극진한 관심과 사랑을 받는 아이들이지만 그 사랑을 주위 사람들에게 돌려주지 못하는 모습이 눈에 띨 때가 많다.

겨울방학을 코앞에 두고 있던 어느 날, 어린이회 임원들이 불우이웃돕기 모금행사를 위해 모금함을 들고 교실에 들어섰다. 학기 초에 나누어준 '사랑의 저금통'을 가져오라고 며칠 전부터 알림장에 써주고 당부했는데 막상 당일이 되고 보니 자진해서 나오는 아이가 없었다. 그때 기철이가 저금통을 들고 주춤거리며 일어섰다. 순간 아이들 모두의 시선이 기철이에게로 쏠렸다. 내내 어색한 표정으로 저금통을 전달하더니 쭈뼛거리며 제자리에 가 앉는다.

아이의 성품은 부모에게서 되물림된다

기철이에게 칭찬을 해줄까 하다가 살짝 미소만 지어 보였다. 솔직히 기철이에 대한 칭찬보다 다른 아이들에 대한 실망감이 더 커서 잔소리를 하게 될 것 같아서였다. 본인의 진심이 담겨야 하는 이런 일에 선생님의 잔소리가 더해지면 몇몇 아이들은 선생님께 잘 보이려는 의도로 저금통을 준비해올 것이고, 이웃을 돕는 마음을 가르치려는 의도는 퇴색되고 말 것이다.

기철이는 가정형편이 그리 좋지 못하다. 그런데 가만히 살펴보면 누군가를 돕는 활동에 있어서는 큰일이건 작은 일이건 언제나 앞장을 선다. 얼마 전에는 한 아이가 교실에서 토하는 일이 있었다. 나도 깜짝 놀라 당황한 사이 기철이가 대걸레를 들고 와서 바닥을 닦았다. 잠시 머뭇거렸던 내가 머쓱해질 정도였다. 가끔은 다른 아이의 일을 너무 앞장서서 도와주다가 남의 일에 참견한다는 말을 듣기도 하고, 때로는 일기장을 통해 선생님에게도 진심 어린 조언을 할 정도로 다른 사람에 대한 관심과 애정이 돋보이는 아이다.

기철이의 그런 성품이 어디서 나왔을까 궁금하던 찰나에 기철이 어머니와 상담을 할 기회가 있었다. 상담을 하고 보니 아버지가 계시지 않는 가정에서 직장을 나가는 어머니 대신 여동생을 돌보며 자라다 보니 철이 일찍 들었단다. 어려운 환경 속에서도 아이들을 올곧은 성품으로 잘 키우신 어머니가 대단하고 존경스러웠다. 나중에 듣고 보니 기철이 어머니 또한 주변의 더 어려운 이웃들에게 언제나 인정을 베풀 정도로 인품이 좋으시단다. '그렇구나' 절로 고개가 끄덕여졌다.

흔히들 사랑은 받은 만큼 다른 사람에게도 베풀 수 있다고 한다. 그런데 유심히 살펴보면 아이들의 가정형편, 집안의 부유함 정도는 아이들의 성품과 큰 연관성이 없어 보인다. 다만 평소에 어떤 것을 보고 느끼고 생각했는지가 그 차이를 만들어내는 것 같다.

추우면 찜질방 가서 자면 되잖아요!

윤지의 집은 누구나 알 정도로 넉넉하다. 입고 다니는 옷이 대부분 명품인 것은 물론 매번 좋은 학용품으로 아이들의 부러움을 사기도 한다. 그래서 윤지 주변에는 아이들이 많다. 윤지는 마음에 드는 친구가 있으면 자기가 가진 학용품을 쉽게 선물로 주기도 한다. 하지만 막상 절실한 순간에 학용품이 없거나 도움이 필요한 친구들에게는 무관심하다.

윤지의 이런 행동은 자신의 인기를 관리하기 위한 하나의 비결로 보인다. 또한 앞서 이야기한 기철이와 달리 윤지는 상황에 따라 행동이 판이하다. 선생님이 앞에 서 있을 때는 친구들을 열심히 도와주지만 실제 아이들의 일기장에 등장하는 윤지의 모습은 참 이기적이다. 가끔 이런 일기 내용을 보게 되면 '윤지의 자선 행사는 얼마 못 가겠구나' 하는 쓸쓸한 생각이 든다.

학교에서 종종 불우이웃돕기 행사를 할 때가 있다. 어린이회에서 운영하는 불우이웃성금부터 결핵환자를 돕기 위한 씰 구입 행사, 자선바자회 행사, 폐휴지 모으기 등등. 그런데 이런 행사들이 열릴 때 교사의 입장에서는 남을 돕는 것을 의도적으로 교육해서 남을 돕는 기쁨을 알게 해야 하는지, 아니면 저절로 우러날 때까지 기다려주어야 하는지 판단하기 어려울 때가 간혹 있다.

"이거 왜 해야 해요?"

"추운 겨울에 난방도 잘 안 되고 밥도 잘 먹지 못하는 사람들이 있는데, 그 사람들을 돕기 위한 거야."

"찜질방에 가서 자면 되잖아요."

어린아이들에게 사회의 어두운 면과 어려운 이웃의 모습을 보여주어 미리 걱정을 시킬 필요는 없겠지만, 자기 자신만 생각하는 편협한 시각은 인성교육을 통해서 바꾸어주어야 할 것이다.

남을 돕는 마음도 훈련이 필요하다

사람들이 많이 타고 내리는 지하철에 앉아 있으면 이따금씩 돈을 모금하는 대학생, 장애인 단체, 몸이 불편한 사람들을 쉽게 발견할 수 있다. 코팅한 종이에 자신의 사연을 적어 돌리거나, 큰소리로 호소하거나, 소소한 물건을 팔며 구걸을 해보지만 실제로 그들을 돕는 손길은 드물다.

왜 그럴까? 남을 돕는 것은 너무도 귀한 마음인데 내 자녀와 함께 있을 때 그런 장면을 목격한다면 부모들이 선뜻 그들을 도울 수 있을까? 지하철에서 또는 길거리에서 만나는 사람들을 쉽게 돕지 못하는 것은 어쩌면 그 사람들에 대한 믿음이 없기 때문일 것이다. 이 또한 우리 어른들과 사회의 책임이다. 배후의 누군가에게 구걸한 돈을 뺏기지는 않는지, 이웃돕기 성금을 횡령하는 것은 아닌지, 배를 곯고 있으면서도 그 돈으로 술을 사 먹지는 않는지 의심하는 것이다. 그렇다면 이런 상황에서 우리 아이들에게 어떻게 가르쳐야 할까? 남을 돕는 것이 좋은 일이라고 말하면서도 정작 어려운 사람을 모른 체하는 모습을 보여주고 있지는 않은가?

아이티 지역의 지진을 위한 성금, 기아대책을 통한 아동후원, 수해지역 주민을 위한 도움의 손길, 기름이 유출된 지역을 찾아가는 자원봉사 등 사실 일상생활에서는 도움의 손길이 필요한 곳이 많다. 지하철에서는 이런저런 이유로 돕지 못하더라도, 실제로 우리가 도와야 하는 때를 잘 분별해서 도와주는 따뜻한 마음을 키워줘야 할 것이다.

가끔은 학교 선생님들이 "내가 도와줄까?"라고 말하는 아이들을 거창하

74

게 칭찬하거나 치켜세우기도 한다. 조금 부자연스럽더라도 남을 돕는 아이가 선생님에게 칭찬받는 모습을 통해 모방학습이 일어나기를 기대하는 의도적인 행동이라 할 수 있다. 남을 돕는 마음은 어린 시절부터 훈련해야 하는 또 하나의 성품이다. 차려입은 겉모습만 왕자, 공주가 아니라 마음이 정말 예쁜 왕자와 공주가 더 많아졌으면 좋겠다.

왜 그렇게 조금만 먹느냐고 물어보면,
한결같이 나오는 대답이 '살이 찔 것 같아서'나
'남자아이들이 많이 먹는다고 놀려서'다.
물론 너무 많이 먹어서 비만이 되면 안 되지만
그렇게 조금 먹다가는 영양부족으로 키가 안 큰다고 걱정하면
키 크는 영양제는 따로 먹고 있고, 음식은 집에서 좀 더 먹으면 된다고 말한다.

3장

아이들 세상, 외모지상주의에 빠지다

부모의 좋은 습관보다 더 좋은 아이 교육은 없다.

• 슈와프 •

새 학년 임원은
잘생긴 아이가 된다

　초등학교 시절의 학급 임원선거에 관한 추억은 누구나 한두 가지쯤 가지고 있을 것이다. 본인이 입후보를 했다면 소견 발표부터 개표까지 내내 마음 졸였던 기억이 있을 것이고, 한 번도 후보로 나선 적이 없다면 친한 친구가 되기를 바라며 두근거렸던 기억이 있을 것이다.

　학년 초 임원선거는 아이들끼리 서로 서먹한 가운데 치러지는 탓에 첫인상에 좌우되는 경우가 많다. 여기서 재미있는 사실은 저학년일수록 후보의 생김새에 영향을 더 많이 받는다는 것이다. 고학년으로 가면서 좀 덜해지긴 하지만 인상이 얼마나 좋은가, 얼마나 예쁘고 잘생겼는가로 선택기준을 삼는 것은 크게 다르지 않다.

　그런데 잘생긴 외모가 동성 유권자들의 표를 얻는 데는 오히려 장애가 된다. 어른들이 외모와 능력을 모두 겸비한 동성의 동료에게 선망과 질투심을 느끼듯이, 아이들 역시 비슷한 감정을 갖는다고 보면 된다. 그나마 어른들은 공사를 구별하는 사려라도 있지만, 감정조절에 취약한 아이들은 솔직한 반응을 내놓는다. 어쨌든 외모가 잘생긴 학생은 이성 친구들의 표를 더 얻어서 당선되고, 외모보다 인성이 나은 학생은 동성의 표를 더 얻어서 당선될 가능성이 높다.

몸과 함께 아이의 사고도 쉼 없이 자란다

그런데 한 가지 재미있는 사실이 있다. 잘생긴 외모 덕으로 학급 임원에 뽑히면 담임선생님이 한 학기 동안 애먹는 일도 많고, 반 친구들이 실망할 일도 많다는 것이다. 숙제를 자주 빠트린다든가, 반 친구들을 공정하게 대하지 못하는 등의 행동으로 지탄을 받는 경우가 꽤 있다. 어른들은 여러 면모를 따져서 사람을 평가하지만 아이들은 객관적이 되기가 힘들다. 우선 보기에 예쁘고 멋지면 그냥 빠져들고 만다.

고학년 중에서도 몇몇 성숙한 아이들만이 '내면이 아름다운' 친구를 알아보는 눈을 갖고 있을 뿐 나머지 아이들은 겉모습에 홀랑 넘어간다. 그래도 다행인 건 아이들은 아주 천천히 조금씩이지만 쉼 없이 자라서 언젠가는 성숙된 사고와 가치판단 능력을 보여준다는 것이다. 그래서 우리 어른들은 아이들을 차분히 끈기 있게 긍정적으로 바라봐주어야 한다.

살 찌면
안 돼요!

어느 학교 어느 반에서나 고학년 교실의 급식시간이면 빠지지 않고 볼 수 있는 장면이 있다. 그것은 밥을 한 움큼도 안 되게 받아가는 여학생 수가 적지 않다는 것이다. 급식 당번이 적당한 양을 떠주는데도 자꾸만 덜어 달라고 한다. 마치 밥을 많이 먹으면 누가 흉이라도 보는 것처럼, 밥을 조금이라도 더 먹으면 큰일이 날 것처럼 조바심을 낸다. 이런 학생들은 대부분 반찬도 아주 조금 받고, 밥알을 셀 수 있을 만큼 적은 양을 젓가락으로 집어서 입에 넣고 우아하게(?) 오물오물 씹는다.

어떤 사람은 어려서부터 소식하는 습관이 몸에 좋다며 웬 걱정이냐고 말할 수도 있다. 또, 누군가는 오래오래 씹는 습관이야말로 건강하게 장수하는 비결이라고 할지 모르겠다. 교사 입장에서 내 생각은 조금 다르다. 한창 성장하고 왕성하게 활동할 나이에 새 모이만큼 먹고, 체육시간조차 제대로 즐기지 못하는 체력으로 할딱거리는 모습을 보면 가슴이 답답해진다.

사춘기가 빠른 아이들, 먹는 것도 눈치 본다

왜 그렇게 조금만 먹느냐고 물어보면, 한결같이 나오는 대답이 '살이 찔 것 같아서'나 '남자아이들이 많이 먹는다고 놀려서'다. 물론 너무 많이 먹어서 비만이 되면 안 되지만 그렇게 조금 먹다가는 영양부족으로 키가 안 큰다고 걱정하면 키 크는 영양제는 따로 먹고 있고, 음식은 집에서 좀 더 먹으면 된다고 말한다. 남자아이들이 자기네가 좋아하는 반찬을 실컷 먹으려고 일부러 놀리는 것이라고 슬쩍 떠보면, 그러니까 게네들이 살이 찌는 거라고 깔깔거린다.

우리가 어린 시절에는 여러 형제 속에서 자기 것 찾아 먹기도 바빴지만, 지금은 먹을거리가 넘쳐서 그런지 5학년만 되면 벌써 다이어트를 한다는 소리가 심심치 않게 들린다. 부모님들 중에 일찍부터 관리해야 한다며 소식 훈련을 시키는 분도 더러 있다. 저학년 때는 맛있는 것을 조금 더 먹으려고 애쓰던 녀석들이 이렇게 변하는 것을 보면 사춘기가 일찍 찾아와서 그런가 싶기도 하다.

언젠가 남학생들이 일찌감치 다 먹고 운동장으로 뛰어나가자, 문제의 여학생들이 급식대에 둘러서서 남은 밥과 반찬을 죄다 쓸어 먹고 있는 모습을 보았다.

"너희들 무슨 죄 지었어? 먹고 싶으면 당당하게 먹지, 왜 숨어서 이러는 거야? 남자애들이 뭐라고……."

"아이, 그래도 이런 모습을 보이면 우리에 대한 환상이 깨지잖아요."

"신비주의로 남아야 한단 말예요. 게네들 가슴속에 영원히. 선생님, 근데 이거 왜 이렇게 맛있어요? 냠냠."

"어이구, 기껏 양성평등을 가르쳤더니……. 그래, 먹어라, 먹어. 어차피 시간이 지나면 신비주의고 뭐고 다 잊어버릴 텐데."

"아이, 날마다 이럴 건 아니에요. 맛있는 것 남은 날만 이럴 거예요. 그리고 선생님, 이런 날엔 저녁에 모여서 줄넘기도 해요, 살찔까 봐."

"내가 너희라면 남자아이들한테 이렇게 말할 거야. '우리가 많이 먹긴 뭘 많이 먹어? 너흰 더 많이 먹잖아.' 뭐 때문에 이렇게 숨어서 먹니?"

"원래 숨어서 먹는 게 더 맛있잖아요. 괜찮아요, 이것도 재밌거든요."

요즘 아이들은 참 시원스럽다. 충돌을 피할 줄도 알고, 실속을 챙길 줄도 안다. 실컷 먹은 날은 운동까지 하러 모인다니 더 이상 말해 무엇하랴. 자기관리에 이미지 관리까지 뭐 하나 빠트리지 않는다. 하지만 이런 걸 자기관리에 철저하다고 머리를 쓰다듬어줄 수는 없는 일이다. 어쨌든 일찍부터 남의 눈을 의식하는 아이들이 안쓰럽다.

연예인처럼
입고 싶어요!

5학년 담임을 맡았던 때의 일이다. 제법 쌀쌀한 11월 어느 날 아침에 출근해보니 교실이 온통 시끌벅적했다. 다른 날과 사뭇 다른 분위기가 이상해서 무슨 일이냐고 물어보니, 단짝인 하은이와 미나가 등교하자마자 6학년 언니들에게 불려갔다고 했다. 6학년 여학생 몇 명이 와서 두 아이를 불러냈고, 아이들은 영문도 모른 채 언니들에게 둘러싸여 복도 저 끝으로 끌려갔다고 한다.

학급 임원 두 명을 시켜 '우리 선생님이 무슨 일인지 알아오라고 하셨다'는 말을 전하라 하고는 아이들을 진정시켰다. 무슨 일일까를 다시 물어보자, 몇 아이가 아무래도 옷차림 때문인 것 같다고 대답했다. 오늘 아침 그 둘의 옷차림이 너무 튀어서 그런 것 같다고. 등굣길에 6학년 언니 오빠들이 자꾸만 쳐다보면서 수군거리는 모습을 보았다는 것이다. 어떤 차림새였는지를 자세히 물으니 "치마가 완전 짧고요……" 하며 킥킥거렸다.

원더걸스처럼 입고 싶었어요

혹시 아이들에게 폭력을 행사하는 것은 아닐까 걱정이 되기 시작했다. 아무래도 직접 가봐야겠다 싶어서 교실 문을 나서는데, 마침 돌아오는 아이들의 모습이 보였다. 정말로 아이들의 치마는 내 눈을 의심할 정도로 짧았다. 둘은 거의 똑같은 차림새였는데, 정확히 묘사하자면 엉덩이를 겨우 가린 수준이었다. 게다가 주렁주렁 귀고리에, 손톱엔 매니큐어까지 칠한 게 놀라서 벌어진 입을 가려야 할 정도였다.

뭐라고 말을 꺼내야 할지 난감하여 기색부터 살피니 눈물 자국이 뚜렷한 채 기가 팍 죽어 있었다. 갑자기 흐느끼기 시작해서 소리가 점점 커지더니 어느새 어깨까지 들썩이며 서럽게 울어댔다. 임원들에게 무슨 일이 있었느냐고 물으니 그냥 누나들이 뭐라고 야단치고 있는 모습만 보았단다. 임원들을 교실로 들여보내고 복도에 셋이 서 있는데, 쌀쌀한 기온에 으스스한 한기가 파고들었다.

"자, 이제 어지간히 울었지? 무슨 일인지 궁금하긴 한데, 그것보다 우선 너희들 춥지 않니? 어우, 선생님은 너무 춥다."

흐느끼던 녀석들이 동시에 "아니요!"라고 대답하는데 하마터면 웃음이 나올 뻔했다. 윗옷 소매는 길어서 양손을 다 덮고 있고, 다리는 검정 타이즈를 신었는데 치마 길이가 워낙 짧아서 누가 봐도 추워 보였다. 그런데도 자존심을 세우면서 안 춥다고 우기는 것이다. 교실로 데리고 들어오기 전에 주의할 점부터 가르쳤다.

"치마를 그렇게 짧게 입었을 때는 조심해야 해. 두 무릎을 딱 붙여서 앉아야 하고 치마를 최대한 끌어내려서 엉덩이가 보이지 않게 해야 해. 만약에 힘들다고 다리를 벌리고 아무렇게나 앉으면 아이들이 너희를 보고 예쁘기는커녕 추하다고 놀려댈지도 몰라. 어휴…… 이렇게 입고 나온 걸 엄마들도 아시니?"

물어놓고는 아차 했다. 미나는 부모님이 이혼을 해서 할머니와 둘이 살고 있었다. 그리고 후에 안 일이지만, 하은이는 미나와의 약속을 지키려고 엄마에게 혼나면서도 끝까지 고집을 부려 그렇게 입고 왔다고 했다.

교실로 들어오자 아이들의 시선이 일제히 두 녀석에게 쏠렸다. 6학년들에게 어떻게 당했는지, 선생님께 심하게 야단맞은 건 아닌지 아주 궁금해서 못 견디겠다는 표정들이었다. 1교시 쉬는 시간에 다들 우르르 몰려가 둘러쌀 줄 알았는데 의외로 조용했다. 남학생들은 차마 그쪽을 쳐다보지 못했고, 여학생들은 뭐가 그리 불편한지 말도 붙이지 않았다. 책상 밑으로 다리 모양을 이리저리 움직이는 모습을 보니 두 녀석 다 단정한 자세로 앉기가 영 힘든 모양이었다.

보다 못해서 둘을 불러냈다.

"앉아 있기 힘드니?"

"네……."

풀 죽은 목소리였다.

"그럼, 우선 체육복을 빌려줄 테니까 둘이 윗옷과 바지를 하나씩 가지고 무릎을 덮어. 제대로 앉아 있기도 힘들면서 그런 옷을 왜 입고 왔니?"

"사실은요, 원더걸스처럼 입고 싶어서 저번부터 둘이 준비했어요. 그런데 막상 입고 오니까 전부 다 우리만 쳐다보는 것 같아요. 그냥 자기들 할 일만 하면 되지, 왜 남한테 그렇게 관심들이 많을까요?"

"이 녀석들아. 연예인들이야 남의 눈에 띄어야 하고 무대에 서니까 그렇게 입지. 너희는 눈에 띄게 입고 왔으면서 남들더러 쳐다보지 말라고 하면 그게 말이 돼? 꼭 우리 좀 봐달라는 차림새인데……."

"아니에요, 그런 거. 그냥 이렇게 입고 싶었을 뿐이에요."

"그래? 난 튀고 싶어서 그런 줄 알았지. 참, 6학년들이 뭐라고 했니?"

"그냥 뭐…… 그 언니들 무서워서 화장실도 못 가겠어요."

"6학년 언니들이 뭐래? 너희한테 어떻게 했는지 내가 알아야 너희를 돕든지 말든지 하지."

"한 언니는 무슨 꼴값이냐고 학교 망신이라고 그랬고요, 한 언니는 이 동네에서 유명한 중학생들에게 저희들이 찍혔을 거래요. 귀고리를 한 애들을 잡아서 괴롭히는데, 마침 딱 걸렸을 거라고요. 그리고 또 한 언니는……"

"응, 그 언니는 뭐래?"

"저희더러 무 다리들이 주제도 모르고 설친다고……."

모든 아이들이 따라 하지는 않는다

　체육복을 받아들고 들어가서 무릎을 덮은 모습을 보니, 한편으로는 안 된 마음에 측은했다. 또, 쉬는 시간마다 다른 반 아이들이 몰려와 구경하는 바람에 두 녀석은 더 안절부절못했다. 입고 올 때는 보란 듯이 뽐낼 요량이었을 텐데, 분위기가 엉뚱한 쪽으로 흐르자 무슨 죄지은 것 마냥 화장실도 마음 놓고 못 가는 신세가 된 것이다.

　다음날부터는 둘 다 예전 모습으로 돌아갔지만, 가끔 손톱에 매니큐어를 칠하거나 귀고리를 하고 오는 날은 있었다. 야단치거나 망신을 줄 일은 아니지만, 너무 편하게 내버려두면 따라 하는 아이들이 늘어날까 봐 내심 걱정이 되었다. 그래서 고심 끝에 학급회의 시간에 '초등학교 5학년 학생에게 어울리는 차림새'라는 주제로 토의를 해보았다.

　아이들은 자연스럽게 의견을 주고받으며 '활동하기 편하고 단정한 옷차림'이라는 결론을 이끌어냈다. 아직은 초등학생이니까 어른 흉내를 내면 어울리지 않는다고 생각한다는 다수의 의견 덕분이었다.

　하은이와 미나를 중심으로 몇몇 아이들은 각자의 개성도 존중해야 한다는 의견도 내놓았지만 다른 아이들의 동의를 얻지는 못했다. 하은이와 미나는 그 후에도 몇 번 더 귀고리와 매니큐어를 하고 왔지만 아이들이 관심을 갖지 않자 어느 순간부터는 점점 시들해졌다.

비만,
관리는 필요하다

요즈음 건강검진을 실시하고 나면 반에서 2~3명 정도의 학생들이 비만 판정을 받는다. 이 아이들의 공통점은 급식시간에 기름진 음식과 육류를 탐내고 체육시간에는 소극적이라는 것이다. 하기 싫어서 꾀를 부리거나 불성실한 것이 아니라 몸이 무거운 탓에 활동이 힘들고, 그러다 보니 점점 움직이기가 귀찮아지는 악순환이 계속되는 것이다. 이런 아이들에게 좋아하는 음식을 물어보면 예외 없이 패스트푸드다. 맞벌이 가정 자녀들의 비만 확률이 높은 것도 이런 음식과 상관관계가 있을 것이다.

우리 딸이 초등학교 3, 4학년 때는 제법 통통했었다. 고슴도치도 제 새끼는 예쁘다고 내 눈에는 그저 좀 통통한 편이었다. 아이의 할머니 할아버지도 "애들은 모름지기 통통해야 귀여운 법"이라며 그저 잘 먹고 튼튼한 걸

대견해 하셨다. 아빠만 "쟤 저러다가 비만 되는 거 아냐?" 하고 한두 번 걱정했을 뿐, 가족 누구도 아이가 뚱뚱하다는 생각을 해본 적이 없었다.

'뚱땡이'라 불리는 내 딸, 내가 충격받다

그러던 중 이사를 하면서 전학을 시켰다. 의외로 학교에 적응을 잘하는 것 같아서 안심을 하고 있었다. 그런데 어느 날 퇴근길에 딸아이를 보았다. 막 아이 이름을 부르려는 찰라, 내 뒤쪽에서 남자아이 목소리가 들렸다.

"(혼잣말로) 어, 뚱땡이다. (큰소리로) 안녕, 어디 가?"

설마, 나는 내 귀를 의심했다. 그런데 앞서 걷던 딸아이가 돌아서며 대답을 하는 게 아닌가!

"응, 안녕. 집에 가. 어, 엄마네?"

남자아이도 얼른 내게 인사를 했다.

"안녕하세요?"

"응, 그래. 같은 반 친구니?"

"네."

"그래, 서로 사이좋게 잘 지내라."

"네, 안녕히 가세요. 내일 보자."

떨리는 가슴을 겨우 진정시키고 아이를 점잖게 보냈다. 없는 데서는 나라님 욕도 한다는데 그 아이의 혼잣말까지 야단칠 수는 없는 노릇이었다.

하지만 문제는 그 내용이었다.

"쟤, 평소에 착한 애니?"

"그럼, 아주 착해. 아까 인사도 잘하잖아."

엄마랑 손잡고 걷는 게 좋아서 팔짝거리는 딸아이를 보면서 왠지 코끝이 찡해졌다.

"걔가 너를 놀리거나 그러지는 않니?"

"아니. 걔 그런 애 아니야."

딸아이가 눈치 못 채게 흘금흘금 위아래로 훑어보았다. 아무리 봐도 그저 약간 통통한 정도인데 이놈이 어디다 대고 감히 뚱땡이라는 거야. 영 개운치 않고 찜찜한 게 분노와 창피함이 한데 섞여 밀려왔다. 그러면서도 아이 앞에서 놀리지 않은 걸로 보아 못된 녀석은 아니라는 데 생각이 미치자, 갑자기 걱정이 되기 시작했다. 그 아이의 놀림이 그냥 장난일 뿐이라는 확신이 서질 않았다. 그래서 다른 때 같았으면 꼭 들렀을 찐빵 가게도 그냥 지나쳤다.

후에 알게 된 사실은 그 녀석이 제대로 보았다는 것이다. 그 무렵 집에 들고 온 신체검사표에 '비만'이라고 떡하니 찍혀 나왔기 때문이다. 아이가 좋아해서 자주 먹이는 음식은 대부분 고열량이었고, 할아버지 할머니는 아이를 금이야 옥이야 감싸 안으며 먹고 싶어 하는 것을 무조건 대령했다. 게다가 행여 다칠세라 바깥에는 잘 내보내지 않았고, 초등학교 2학년 때 앞니를 다친 후로는 운동도 함부로 못하게 했으니 몸놀림이 날로 둔해질 수밖에. 아이의 비만은 부모 책임이라는 말이 가슴팍을 내리쳤다.

비만인 아이는 스스로 위축된다

올해 우리 반에는 비만인 학생이 남녀 각각 두 명씩이다. 넷 다 공부도 잘하고 생활도 모범적이어서 아이들에게 별로 놀림을 당하는 것 같지는 않다. 남학생들은 둘 다 체격이 큰 데다가 낙천적이어서 언제나 웃고 떠들지만, 여학생들은 큰 체격이 신경 쓰여서인지 약간 위축된 모습을 보인다. 친구들 앞에서는 자꾸 몸을 가리려고 하고, 단체로 운동을 할 때에도 가능하면 맨 뒤로 가서 숨는다.

이럴 때 담임선생님이라도 날씬해서 모범이 되어주면 얼마나 좋겠냐만, 정작 나부터 비만이니 뭐라 조언할 자격이 못 된다. 오히려 그 아이들은 나를 영혼의 안식처로 여기는 것 같다. 학년 초에 교실에 앉아있는 아이들을 쭉 둘러보면서 이런 약속을 받아냈기 때문이리라.

"지금부터 우리 반 누구든 통통한 친구들을 뚱뚱하다고 놀리는 학생이 있으면, 그것은 곧 담임선생인 나를 놀리는 것으로 받아들이겠습니다. 여러분 모두 그러지 않겠다고 약속할 수 있습니까?"

아이들은 터지는 웃음을 꾹 참고 일제히 대답했다.

"네엣. 약속하겠습니다!"

하지만 이런 탄원과 위협만으로 언제까지 비만아들을 감싸줄 수 있을지 모르겠다. 주변의 친구들 틈에서 당당하고 활발하게 지내도록 도와주려면 "너는 그저 통통할 뿐이야"라는 거짓말은 하지 말아야 할 것 같다. 차라리 현실을 바로 보고 받아들인 다음, 자신이 가지고 있는 강점을 찾아 계발할

수 있도록 격려하는 편이 훨씬 나을 것이다. 물론 마음을 독하게 먹고 체중
을 줄여나갈 수 있다면 금상첨화일 것이다.

요즘에는 부쩍 다음 지시가 없으면
아무것도 안 하고 우두커니 앉아 있는 아이들이 많아졌다.
모두 어려서부터 엄마의 지시대로만 움직였던 탓은 아닐까?
아이들의 일상을 엄마의 의지대로 쥐락펴락하는 집이라면
그게 아이에게 어떤 영향을 주는지를
다시 한번 생각해볼 일이다.

4장

마마보이보다 마마보이로 키우는 엄마가 문제다

온갖 실패와 불행을 겪으면서도
인생의 신뢰를 잃지 않는 낙천가는
대개 훌륭한 어머니의 품에서 자라난 사람들이다.
• 앙드레 모루아 •

아이의 준비물은
아이가 챙기게 하라

아이들과 수업에 한참 몰입하고 있을 때 복도 유리창 너머로 누군가가 기웃거리는 모습이 보였다. 아이들도 느꼈는지 "누구 왔어요" 한다. 나가보니 우리 반 민지 어머니다.

여자아이들 대부분이 자기 물건을 잘 챙기는 데 비해 민지는 공부는 곧잘 하면서도 유난히 책상 주변 정리가 안 되고 준비물을 자주 빠트린다. 민지 어머니는 일주일에 두서너 번씩은 민지가 놓고 간 수저통이며, 자잘한 준비물과 교과서를 들고 학교에 출근을 하신다.

"어머니, 이렇게 갖고 오지 않으셔도 돼요. 민지가 안 가져오면 제가 빌려줘도 되고 짝과 나눠 쓰게 하면 돼요."

"아휴, 아니에요. 제가 어제는 알림장을 깜빡하고 못 읽었어요. 죄송해요."

"아니에요, 민지 어머니가 왜 죄송해요? 민지도 이제 4학년이니까 스스로 알림장 보고 챙기게 하셔야지요."

아이가 챙긴 것을 슬쩍 확인만 하라

매번 되풀이되는 민지 어머니와의 대화다. 그렇지만 정작 민지는 천하태평이다. "네 준비물은 네가 챙겨야지"라고 여러 번 주의를 주어도 매번 자기 물건을 빠트린다.

"민지야, 가방은 누가 챙기니?"

"엄마요."

"왜? 네가 시간표 보고 챙기지 않고?"

"제가 해도 엄마가 다시 하는데요 뭐."

스스로 해도 못 미더워 다시 하곤 하는 엄마 때문에 민지는 스스로 하기를 포기한 것이다.

아이가 하는 것이 못 미더워 아이의 할 일을 대신 해주는 어머니들이 종종 있다. 저학년 아이를 둔 부모일 경우에도 아이 스스로 책가방을 챙기게 하고, 아이가 안 볼 때 슬쩍 확인만 하는 것이 좋다. 확인을 해서 못 챙긴 부분이 있다면 아이에게 "오늘은 미술 과목이 있더구나. 미술시간에 무얼 할 것 같아?"라는 식으로 못 챙긴 부분을 환기시켜서 아이가 스스로 준비물을 챙길 수 있도록 해야 한다. 그래야만 고학년이 되어도 자신에게 필요한 것을 스스로 챙길 수 있고, 더 나아가 자신에게 필요한 공부를 찾아서 할 수 있는 아이로 자란다.

200퍼센트
완벽하게 챙겨주는 엄마,
없느니만 못하다

    우리 반 아침 자습은 한자 공책에 한자 두 단어를 두 줄씩 쓰는 것이다. 하지만 유일하게 민수만큼은 아무것도 하지 않는다. 1년 동안 아침 자습을 제시간에 한 적이 다섯 손가락으로 꼽을 정도다. 점심시간까지, 아니 집으로 하교할 시간까지도 아침 자습을 끝내지 못한다. 다른 수업시간에도 다른 아이들이 자기 할 일을 열심히 할 때 가만히 있거나 무엇인가를 열심히 만진다. 예를 들면 볼펜을 모두 돌려 빼서 두 손에 볼펜 잉크를 잔뜩 묻히고 있거나, 지우개를 잘게 잘라 그것을 가지고 놀거나, 아무튼 무엇인가에 몰두해 있다.

    민수 주위는 수젓집, 물통, 필통—연필은 한 자루도 들어 있지 않고 모두 바닥에 떨어져 굴러다닌다—가방, 색연필, 외투 등등 모든 물건이 나뒹굴고 있다. 자기 물건을 챙길 줄도 모르고 자기 할 일을 끝낼 줄도 모른다. 아니, 하려는 의지가 없는지도 모른다.

그러면 민수의 학업 성적이 바닥일까? 그건 아니다. 성적은 상위권이며 머리도 명석한 편이다. 집에서 엄마가 100퍼센트 아니 200퍼센트 완벽하게 챙겨주시기 때문에 과제도, 준비물도 곧잘 챙겨오지만 학교에서 해야할 일은 아무것도 하지 않는다.

어느 날 민수의 어머니가 학교에 오셔서 상담을 하게 되었다.

"민수는 집에서 과제를 혼자서 하나요?"

"아니요. 거의 그렇지 못해요."

"과제를 잘 못하더라도 혼자서 할 수 있게 해주세요."

"그게 잘 안 돼요."

"어머니께서 언제까지 쫓아다니시면서 해주실 수는 없잖아요. 혼자서도 할 수 있는 습관을 만들어 주셔야죠. 이를테면, 혼자서도 잘했을 경우에는 보상 토큰을 주시고 그것을 몇 개 모으면 민수가 원하는 것을 해주시면 어떨까요?"

"네. 한번 해볼게요."

세 살 버릇 여든까지 키우는 것은 부모다

하지만 어머니와의 상담 후에도 민수의 태도는 변하지 않았다. 그러던 어느 날부터 민수의 어머니가 한 달 정도를 병원에 입원하게 되었다.

그 후 민수는 아무것도 해오지 않았다. 어머니가 집에 계실 땐 그렇게 완벽하게 해오던 숙제도 해오지 않았고, 준비물도 가져오지 않았고, 학교에서도 아무런 의욕이 없었다. 참다못해 조금 심하게 말을 했더니 민수는 눈물이 그렁그렁했다.

"민수는 엄마가 없으면 아무것도 못하는구나!"

그런데 다음날 숙제 검사를 하는데 민수가 숙제를 해왔다. 엄마의 도움을 받아서 할 때처럼 잘하지는 못했지만, 그런대로 열심히 해온 것이 대견하여 큰소리로 칭찬을 해주었다.

"그래. 못해도 괜찮으니 이렇게 너 스스로 혼자 하는 것이 중요하단다. 정말 잘했구나. 오늘도 잘할 수 있지?"

그제야 민수 얼굴에 환한 웃음이 피어났다.

요즘 아이들 중에는 민수처럼 부모가 옆에서 지키고 있어야, 또는 부모가 잔소리를 해야만 자기 일을 하는 아이들이 많다. 그게 누구의 잘못일까? 그런 잘못된 습관을 어떻게 고쳐주어야 할까?

자기 일을 스스로 못하는 무기력한 아이들은 대부분 부모의 잔소리를 많이 듣고 자랐거나, 어려서부터 부모가 모든 것을 대신 해주었다는 공통점이 있다.

'세 살 버릇 여든까지 간다'는 속담이 있듯이 초등학교 1학년에 입학했을 때부터 책가방 챙기는 일, 숙제하는 일, 자기 방을 정리정돈하는 일 등을 스스로 하도록 지켜봐주어야 한다. 그런데 지켜본다는 것이 참 어렵다.

말할 것도 없이 부모가 도와주면 완벽하게, 빨리 끝낼 수 있겠지만 한 템포 정도만 참고 지켜보자. 아이가 하는 것이 많이 서툴러 시간이 걸리더라도, 아이가 혼자 한 숙제가 부모 마음에 썩 들지 않더라도 스스로 끝낼 때까지 기다린 다음에 칭찬을 해주자. 이 과정을 거쳐야만 아이들은 스스로 열심히 한 것에 대한 보람을 느낄 수 있다. 초등학교 1학년에 갓 입학한 아이들에게 부모가 해주어야 할 제일 중요한 것은 바로 이 기다림이다.

학원은 절대로
빠지면 안 된대요

"선생님, 몇 시에 도착해요?"

"글쎄, 4시 넘어야 도착하겠는데?"

"와!"

현장학습을 다녀오며 아이들과 흔하게 주고받는 말이다. 이런 대화를 처음 듣는 사람들이야 아이들이 내지르는 함성의 의미를 모르겠지만 선생님들은 아이들이 왜들 그렇게 좋아하는지를 너무 잘 안다. 학원 시간을 놓쳐서 학원을 안 가도 된다는 기쁨의 함성인 것이다.

햇볕 좋은 날 현장학습을 떠나는 아침에는 아이들이나 나나 약간의 설렘과 즐거움이 있다. 하지만 막상 목적지에 도착해서 다른 학교 아이들과 섞여서 정신없이 이리저리 오가다 보면 지치게 마련이다. 아이들이 얼마나 피곤할까 안쓰러운 마음에 "오늘 숙제는 집에서 샤워하고 푹 쉬는 거야"라고 학원에 가지 않는 걸 숙제로 내준다. 하지만 다음날 학교에서 학원을 안 갔는지를 슬쩍 물어보면 다녀왔다는 아이들이 더 많다.

"왜 엄마한테 쉬겠다고 말씀드리지 않았어?"

"말했는데요, 엄마가 학원 빠지면 안 된대요."

그런 날은 아침 1교시부터 하품을 하며 멍하니 앉아 있는 아이들을 데리고 6교시까지 수업을 끝내느라 애를 먹게 된다.

빠듯한 살림에 학원비 든 것 생각하랴, 학원 빠지게 되면 보충시간을 다시 잡느라 번거로운 것을 이해 못 하는 바는 아니다. 하지만 아이들이 리모컨으로 움직이는 로봇은 아니지 않은가?

현장학습이 끝나고 쉬고 싶다는 아이들의 이야기를 귀담아 들어주는 부모가 되었으면 한다. 빨리 씻고 학원 가라는 말에 순종하는 아이가 당장은 예뻐 보이겠지만, 그러다 보면 아이는 서서히 부모에게 자신이 원하는 것을 말하려 들지 않을지 모른다.

아이들 방학 숙제는
엄마들 숙제

지난 여름방학이 끝날 무렵, 중학교에 다니는 아들의 숙제를 확인하고는 놀라지 않을 수 없었다. 2학기 수행평가를 위해 거의 전 과목에 걸쳐 방학 숙제가 있었던 것이다. 허겁지겁 음악회를 예약하고 미술관 프로그램을 알아보고 읽혀야 할 책들을 사고 야단법석을 떨었다.

며칠 뒤 미술관을 가기 위해 아이와 집을 나섰다. 다녀왔다는 증거자료(?)로 미술관 티켓이 충분하지 않을 것 같아 싫다는 아이를 억지로 붙잡아 미술관 앞에서 사진도 찍었다. 미술관은 방학 과제를 위해 들른 초등학생과 중학생들로 인산인해를 이루고 있었다. 친구들과 함께 온 아이들도 있고, 우리처럼 엄마와 함께 온 아이들도 있었다.

나처럼 아이와 함께 온 엄마들은 작품에 붙어 있는 작품 해설을 옮겨 적느라 바빴다. 미술책에서 자주 등장하는 유명한 작품을 발견하면 왔다 갔다 하는 아이를 붙잡아 "이건 ○○작품 중 가장 유명한 거야. 너도 미술책에서 봤지?"라며 아이에게 일러주지만 아이는 도통 흥미가 없다는 표정이다.

"제가 알아서 할게요"를 믿을 수 없는 엄마들

미술관을 나와서는 그 옆의 음악회장으로 향했다. 그곳 역시 과제 때문에 온 학생들로 붐비기는 매한가지였다. 음악회장 안에서도 휴대폰을 켜놓고 자기들끼리 시끌벅적 이야기하는 아이들을 바라보며 '이러면 안 되는데……' 하는 특유의 직업병으로 나만 안절부절못했다.

낯익은 곡이 연주되었는데, 옆에 앉은 아들 표정을 보니 아주 지루하지는 않은 표정이었다. 연주가 끝나자 해설가가 영상과 함께 설명을 했다. 시큰둥한 표정의 아들이 못 미더워 팸플릿에 열심히 해설을 받아 적었다. 어느 정도 여유가 생겨 주위를 둘러보니 정작 과제로 온 아이들은 관심이 없고, 함께 온 엄마들만 열심히 받아적고 있었다.

미술관, 음악회 순례를 마치고 온 다음날 아이에게 "넌 이거 해라", "엄마가 도와줄 게 뭐니?"라고 물어가며 일대 소란을 피웠다. 내가 볼 땐 과제를 해결할 시간이 너무나 촉박한데 아이는 "제가 알아서 할게요"라며 여유만만이다. 그런 아이를 재촉해 작성한 과제를 훑어보니 직접 다녀오지 않고 인터넷 조사로만 했어도 이보다는 낫겠다 싶었다.

"얘, 이거로는 도저히 수행평가에서 좋은 점수를 못 받겠다."

이대로 보낼 순 없다는 판단에 어제 적은 팸플릿을 보며 열심히 수정하였다. 그리고 아이에게 한번 읽어보라고 하였다. 이렇게 과제 하나하나를 아이와 함께 신경을 쓰면서 마무리하다 보니 개학 일주일 전은 전쟁과 다를 바 없다. 개학날에는 어렵사리 끝낸 과제를 잊지 않고 잘 챙겨내라고 "학교 가자마자 교과 선생님께 제출해라"라고 다시 한번 잔소리를 하였다.

그런데 며칠 뒤 아이 가방에서 음악 과제가 그대로 나왔다.

"아니, 이건 왜 여태 제출 안 했어?"

"거기다 쓰는 게 아니라 학교 독서기록장에 쓰는 거래요."

"그럼, 빨리 옮겨 쓰지 그랬어?"

"안 가져가서 못했어요."

스스로 해결할 수 있게 기다려주자

'내년엔 죽이 되든 밥이 되든 저 알아서 하라고 해야지'라고 다시 한번 결심한다. 아들이 못 미더워 초등학교 1학년 때부터 줄곧 준비물이며 과제를 챙겨주던 못된 버릇이 후회되었다.

문득 어디선가 읽은 적이 있는 프랑스의 엄마는 유치원에 다니는 아이가 운동화 끈을 다 묶을 때까지 인내심을 갖고 기다려 준다는 이야기가 떠올랐다. 그때 '성질 급한 우리나라 엄마들은 과연 아이 스스로 운동화 끈을 다

묶을 때까지 기다리는 엄마가 몇이나 될까?' 하는 의문이 들었다. 단언하건
대, 단 1분도 못 기다리고 그 자리에 앉아 운동화 끈을 매주는 엄마들이 대
부분일 것이다.

시간이 걸려도 아이가 스스로 하도록 기다려주는 것, 그래서 학교에 가
더라도 스스로 준비물을 챙기고 과제를 해결하도록 돕는 것이 진정으로 아
이를 위하는 것이라는 사실을 지금은 절감한다. 기다려주자. 인내심을 갖
고 기다려줘야만 우리 아이가 제대로 자랄 것이다.

엄마의 '검사'가 무서운
아이로 키우지 마라

공부할 때 장난 한번 안 치고, 과제도 꼬박꼬박 빠짐없이 제출하는 모범생 종혁이가 담임으로선 대견하고 흐뭇하지만 걱정스러울 때도 많다.

종혁이는 아침에 학교에 오면 '아침자습 시간에는 책을 읽도록 하자'라고 말한 것을 별다른 검사가 없어도 잘 지키는 아이이다. 귀가하기 전 알림장 검사를 받으러 나올 땐 종혁이가 가져온 것들을 보며 아이들이나 나나 똑같이 입을 딱 벌리게 된다. 아이들 대부분은 알림장만 가져오는데—그것도 요약하여 간단하게 낱말만 적기 일쑤다—종혁이는 그날 배운 교과서와 공책 정리한 것까지 가져와 아이들의 눈총을 받는다.

종혁이는 가끔 일기장에 아이들이 떠들어 스트레스를 받는다고 쓸 때가 있다. 또 시험이 다가오면 시험이 걱정된다고도 적는다. 혼자서 우리 반의

한 아이를 경쟁 상대로 정해 놓고는, 수업 중 그 아이의 태도를 관찰하면서 그 아이를 이기겠다는 내용을 적은 적도 있다. 그때마다 '사람은 모두 얼굴 생김생김이 다르듯 성격도 다 다르니까 친구들의 이런저런 성격을 이해하렴' 또는 '그렇게 긴장하고 지내면 오히려 네 실력을 모두 발휘할 수 없으니 편하게 생각하렴'이라고 조언을 써주곤 한다.

아이를 확 잡아 관리하는 엄마가 문제다

종혁이는 점심시간에도 거의 교실 밖으로 나가지 않는다. 소화도 시킬 겸 밖에 나가 놀다가 오라고 해도 자리에 앉아서 책만 읽는다. 그런 종혁이를 보면 '어릴 때부터 저러면 안 되는데……' 하는 걱정이 되었다.

마침 학교에 볼일이 있어 들렀다는 종혁이 어머니와 얘기를 나누게 되었다.

"우리 종혁이, 학교에서 공부 열심히 하고 있지요? 선생님을 얼마나 좋아하는지 몰라요."

"네. 종혁이가 공부도 열심히 하고, 장난도 안 치고 담임으로선 고마운데, 너무 긴장하는 것 같아요. 친구들과 어울려 놀지 않는 것도 조금 걱정스러워요. 따로 운동을 시키면 어떨까요?"

"어머, 우리 종혁이는 스포츠센터에서 매일 운동하고 있어요. 선생님 걱정 안 하셔도 돼요. 제가 늘 학교에서 선생님 말씀하실 때 절대 빼먹지 말고 받아 적고, 장난치지 말라고 하는데 우리 종혁이가 잘 지키고 있다니 다행이네요."

"아이들이 장난도 좀 치고, 선생님한테 야단도 좀 맞고, 친구들과 티격태격 싸우기도 하고 그래야죠."

"어머, 선생님, 엄마가 아이를 확 잡아 관리해야지, 안 그러면 요즘 애들은 다루기 어려워요. 틈을 줘봐요. 공부 안 하고 금방 다른 데 정신 팔고 말걸요."

배낭여행도 엄마랑 가겠다는 아이, 자랑이 아니다

"종혁인 어머니가 안 그러셔도 잘할 거예요. 종혁이가 크면 꼭 배낭여행 같은 걸 시켜서 넓은 세상을 구경하게 하면 좋을 것 같아요."

"제가 그렇잖아도 지금 열심히 공부해서 나중에 좋은 대학 가면 친구들하고 배낭여행을 가라고 했어요. 그랬더니 뭐라고 했는지 아세요?"

"뭐라고 했는데요?"

"자긴 엄마하고 배낭여행 갈 거래요. 친구들하고 가면 불편하다고요. 엄마랑 가면 맛있는 것도 많이 먹고, 편하게 지낼 수 있다고요."

종혁이 어머니는 엄마와 배낭여행을 가겠다는 아들의 말이 대견하다는 듯 말씀하셨지만 나로서는 '이건 아닌데……'라는 생각을 감출 수 없었다.

나는 늘 긴장된 모습으로 장난 한번 못 치는 종혁이가 안쓰럽다. 모든 교과서를 들고 나와서 검사를 받는 종혁이는 집에서도 엄마에게 검사를 받을 것이다. 종혁이 어머니는 종혁이의 책과 공책에 담임의 검사가 안 되어 있으면 어떻게 된 거냐며 종혁이를 다그치실 것이다. 아들의 철두철미함을 자랑스러워하는 종혁이 어머니에게 차마 말하지 못한 이야기가 입가를 맴돈다.

'종혁이 어머니, 아들과 배낭여행을 함께하는 것도 좋고, 아이가 숙제 잘하고 공부 잘하는 것도 좋지만 아이들은 장난도 치고, 공부를 안 하면 성적이 떨어지는 것도 스스로 느끼면서 자라야 할 것 같아요. 그래야 거친 바람이 불어와도 버티고 넘어지지 않을 수 있지 않겠어요?'

나눠 쓸 줄 모르는
욕심쟁이로 키우지 마라

아이들 스트레스도 풀어줄 겸, 시험이 끝난 후 급식이 없는 토요일에 떡볶이를 만들어 먹기로 했다. 이런 날은 아침부터 아이들이 들떠서 아무것도 할 수가 없다. 하루 전날 모둠끼리 누가 무엇을 가져올지를 정하지만, 혹시 어느 한 아이에게 힘든 준비물이 몰렸는지를 담임이 다시 챙겨야 한다. 종종 마음이 착하다는 이유만으로 어느 한 아이에게 부담이 집중되는 일이 생기거나 교실에서 은근히 따돌림을 당하는 아이가 준비물을 몇 배나 더 가져오는 경우가 생길 수 있기 때문이다.

제 건데, 왜 같이 써야 해요?

교실 칠판 가득 떡볶이 만드는 법을 적고, 가져온 접시에 예쁘게 꾸며 친구들과 나누어 먹게 했다. 물론 아이들은 떡볶이가 완성되기도 전에 참지 못하고 먹고 싶어 안달이다. 떡볶이를 하는 날은 그 학년 아이들 모두가 마음이 들떠 하루 종일 창문에 다른 반에서 온 손님들이 목을 빼고 기다리는 풍경이 연출된다. 친구에게 떡볶이를 얻어먹으려고 눈치를 살피는 것이다.

맛있게 나누어 먹고 슬슬 배가 불러오기 시작하면 이젠 냄비 바닥에 눌러앉은 라면이나 떡을 닦는 것이 귀찮아진다. 그래도 설거지를 해야 한다.

준비성 좋은 모둠이야 설거지를 위한 세제를 가져오지만 거기까지 챙기지 못한 모둠이 대부분이어서 마침 세제를 통째 가져온 우리 반 모범생 지연이를 불렀다.

"지연아, 세제통 좀 가져와 봐."

"왜요?"

"왜는, 네가 많이 가져왔으니까 안 가져온 아이들과 좀 나누어 쓰자."

"안 되는데……."

"뭐가 안 돼?"

"엄마한테 물어봐야 해요."

여러 가지 생각들이 밀려들었다. 결국 안 된다고 하는 아이 것을 억지로 쓸 수 없어 아이들에게 세제를 쓰지 말고 그냥 닦아오라고 시켰다.

엄마한테 전화한다는 말이 무서운 아이들

아이들을 가르치다 보면 예전과 많이 달라진 모습들을 맞닥뜨리게 된다. 몇 년 전만 해도 "선생님, 우리 아이한테 뭐라고 말씀 좀 해주세요. 제가 아무리 말해도 안 들어요. 선생님 말씀은 잘 듣거든요"라며 아이의 못된 버릇을 고쳐달라고 말씀하시는 학부형이 많았다.

하지만 이젠 사정이 많이 달라졌다. 말 안 듣는 아이에게 "그러지 마라"는 여러 번의 말보다 "너 자꾸 그러면 엄마한테 전화한다"는 한마디의 말이 몇 배 더 효과적이다.

자녀가 벌을 받거나 혼이 나면 기가 죽는다는 생각에 항의하는 학부모들이 많아졌고, 어려서부터 선생님도 아빠도 아닌 엄마 말씀을 듣는 것이 최고라고 생각하는 아이들도 많다. 그런 모습을 볼 때마다 교사로서 안타까운 마음을 금할 수 없다.

엄마,
저 이제 뭐해요?

한결이가 수업 중에 우두커니 앉아 있다.

"한결아, 왜 그러고 있어? 선생님이 내준 문제는 다 풀었니?"

"네."

"다한 사람은 친구들이 끝낼 때까지 뭐하기로 했지?"

과제를 해결하는 속도가 차이가 나다 보니 과제를 빨리 끝낸 사람은 책을 읽고 있기로 약속했었다. 그래서인지 아이들은 읽을 책을 갖고 다니기도 하고, 학급 문고를 가져다 읽기도 한다. 대여섯 명의 아이들은 한번 한 약속을 잊지 않고 잘 지키지만, 아이들 대부분은 다음 지시가 없으면 우두커니 앉아 있거나 친구들과 장난을 친다.

혼자서는 아무것도 결정하지 못하는 아이, 습관이다

그런 아이들을 보니 얼마 전 방학이 되어 집에 놀러 온 친구가 생각났다. 그 친구는 전업주부로 고3인 아들만 하나 두었다. 아들이 어릴 때부터 학교를 마치고 집에 돌아오면 집에서 모든 교과를 예·복습시킨 터라 공부를 잘한다고 자랑이 이만저만이 아니었다. 그날도 점심을 먹고 차를 마시는 내내 아들이 학교에서 받은 상장이며, 학교 성적이 우수하여 학원비를 면제받는다는 이야기까지 하며 아들 자랑에 신이 났다. 그때 마침 친구 핸드폰이 울렸다.

"집에 왔니? 응, 그러면 수학 공부하다 학원 다녀와."

"누구야? 상진이니?"

"응, 집에 왔다고 전화하는 거야."

"고3인데도 그런 전화를 일일이 다해? 착하다."

"우리 아들 착하지?"

말은 착하다고 했지만 이제 내년이면 대학생이 될 녀석이 집에 왔다, 학원에 도착했다 전화하며 "이제 뭐해요?"를 묻는 것이 이상하게 느껴졌다. 괜히 남의 집 아들을 시샘하는가 싶으면서도 장성한 아들과의 유대감이 초등학생을 둔 엄마와 같은 것은 조금 과하지 않은가 생각이 들었다.

얼마 전 남편이 우스갯소리로 한 말도 생각났다. 요즘 젊은 사람들은 회사에서 면접을 보다 말고 엄마한테 전화를 걸어 "엄마, 이 회사로 할까요? 저 회사로 할까요?"라고 묻는다는…….

요즘에는 부쩍 다음 지시가 없으면 아무것도 안 하고 우두커니 앉아 있는 아이들이 많아졌다. 모두 어려서부터 엄마의 지시대로만 움직였던 탓은 아닐까? 아이들의 일상을 엄마의 의지대로 쥐락펴락하는 집이라면 그게 아이에게 어떤 영향을 주는지를 다시 한번 생각해볼 일이다.

공부하는 시간량보다
학습동기가 중요하다

5학년인 우리 반 준성이는 수업시간에 딴짓을 하는 법이 없다. 언제나 바르게 앉아 선생님이 하는 말을 귀담아 듣는다. 아이들이 소란스러우면 불안한 눈빛으로 떠드는 아이들과 나를 번갈아 바라보며 자신이 떠든 것처럼 미안해한다. 그런데 준성이는 수업 중에 손을 들어 활발히 발표하는 법이 없다. 한 번쯤 발표를 시켜도 자신 없는 얼굴로 그냥 서 있거나 작은 소리로 겨우 대답한다.

어느 날 수업 중에 순시를 하다가 준성이의 국어책과 사회책을 보고 깜짝 놀랐다. 중요한 곳마다 빨간색 밑줄과 별표가 깔끔하게 표시되어 있었기 때문이다. 수업시간에 준성이가 아무렇게나 써넣은 것도 지우개로 지워 다시 파란 볼펜으로 정서(正書)되어 있었다.

"준성아, 이거 누가 한 거야?"

준성이는 "엄마요"라고 쭈뼛거리며 대답했다.

준성이의 어머니는 초등학교 교사이다. '학교 다니랴, 살림하랴 바쁘실 텐데 언제 이렇게 하시나?' 하고 놀랍기만 하다. 얼마 전 일기검사 때 읽은 내용이 떠올랐다. 준성이의 일기엔 '엄마와 밤 12시가 넘어서까지 공부를 했다'라고 적혀 있었다.

제발, 아이 대신 공부하지 마라

"준성이가 엄마와 늦게까지 공부했구나"라며 머리를 한번 쓰다듬어 주고 지나갔다. 이제 며칠 있으면 학력평가라 어머니가 시험공부를 시키고 계시나 보다 하고 생각했다. 단원평가 성적도 괜찮은 수준이어서 첫 번째 보는 학력평가 성적이 기대되었다. 그런데 이게 웬걸, 준성이의 학력평가 결과는 학급에서 부진을 간신히 면하는 점수였다. 준성이 얘기만 나오면 미안해하며 어쩔 줄 몰라 하던 준성이 어머니의 얼굴이 먼저 떠올랐다. '얼마나 실망하셨을까? 그 마음 여린 준성이는 또 얼마나 기가 죽을까?'를 생각하니 마음이 쓰였다.

새 학기에 학급을 새로 배정받아 보면 준성이 같은 아이들이 한 반에 서너 명씩은 꼭 있다. 그 아이들의 일기를 읽어보면 한결같이 놀지도 못하고 자정이 다 되어서까지 엄마와 공부를 했다고 쓰여 있다. 공부를 왜 하는지,

학습동기가 형성되어 있지 않은 아이들은 자연스레 집중력과 이해력이 떨어진다. 결국 학교에선 선생님이, 집에선 어머니가 이런 아이를 붙잡고 가르친다. 준성이 어머니의 말을 빌리자면 학교 수업하듯 다시 가르친단다. 그러나 공부에 대한 의욕이 없는 준성이에게 엄마의 수업은 자장가였을 게 뻔하다.

대체 무엇이 문제일까? 글을 깨치기 시작하면 책 읽는 습관부터 키우도록 가족 모두가 노력해야 한다. 아이에게 관심을 갖고 책에 관한 이야기를 나누며 논리적으로 말하고 생각하는 습관을 들이는 것도 중요하다. 또한 아이가 무엇에 흥미가 있고 어떤 꿈을 갖고 있는지도 알아야 한다. 물론 그 꿈은 부모가 바라는 꿈이 아니라 아이 자신의 꿈이어야 한다.

아이가 자라는 동안 아이에 관한 선택과 결정은 자기 스스로 내리게 하자. 무슨 책을 읽을 것인지, 무엇을 먹을 것인지부터 공부 계획과 어떤 학원에 다닐지의 여부까지도 아이 스스로 결정하게 하고, 그 결과에 책임지는 법을 배우도록 해야 한다.

아이를 엄마의
꼭두각시로 키우지 마라

현지는 인형같이 예쁘게 생겼다. 머리엔 예쁜 핀을 꽂아 그날 옷차림에 맞추어 모양을 낸다. 옷차림 역시 어쩜 저렇게 색을 잘 맞추었나 싶을 정도로 멋지다.

현지는 조용하고 움직임이 적다. 체육시간에 피구라도 할라치면 손을 호주머니에 넣고 조용히 서 있거나 공이 자기 앞으로 굴러 와서 다른 아이를 맞춰볼 기회가 와도 공을 집어 다른 친구에게 건네줄 때가 많다.

언제나 예쁜 원피스 차림인 현지도 체육시간만큼은 운동화와 간편한 운동복 차림인데 어느 날인가는 깜빡했는지 분홍색 샌들에 하얀 레이스 원피스를 입고 있었다. 보통 때 같으면 피구를 해서 그런대로 낄 수가 있는데 발야구를 하기로 했던 터라 현지의 차림으로는 아무래도 무리였다. 그런 현지를 이번에도 빠지게 할 수는 없어 결국 밖에선 신지 않기로 한 실내화를 신고 발야구를 하게 했다. 실내화를 신은 현지는 머뭇거리며 공을 찼지만 파울이 반복되고 결국 아웃되었다. 나는 풀이 죽어 있는 현지에게 말을 건넸다.

아이는 공주 옷이 싫을지 모른다

"현지야, 체육시간 있는 거 깜빡했니?"

"네."

"머리는 매일 엄마가 손질해 주시니?"

"네."

"엄마가 솜씨가 좋으셔서 현지는 좋겠네. 엄마가 예쁜 옷도 사주시고, 머리도 예쁘게 손질해 주셔서 말이야."

현지는 대답이 없었다.

"왜?"

"전 싫어요."

"왜? 다른 친구들이 널 얼마나 부러워하는데……."

일기 검사를 하다 보면 예쁜 옷차림의 인형같은 현지를 부러워하는 아이들이 꽤 있었다.

"전 이런 옷 싫어요."

"왜?"

"다른 아이들처럼 바지랑 티셔츠를 입었으면 좋겠어요."

얼마 전 상담차 찾아온 현지 어머니의 하소연이 생각났다.

"우리 현지 때문에 아침마다 전쟁이에요. 옷 입히고, 머리 묶을 때마다 싫다고 떼를 부리거든요."

그땐 그냥 지나쳤는데 생각해보니 현지는 너무 튀는 자신의 옷차림이 부담스럽고 어머니는 어머니대로 원하는 차림을 고집해서 벌어진 아침 전쟁이었던 모양이다.

요즘처럼 아이가 하나둘일 때 여자아이를 낳으면 어렸을 때 자신이 못해본 '공주님' 노릇을 딸을 통해 경험해보려는 건 아닌가 싶을 만큼 과도한 치장을 시키는 어머니들을 볼 때가 있다. 여자아이건 남자아이건 활동에 지장이 없는 편한 차림이 학교생활을 하는 데는 최고이다.

어머니도 힘들고 아이도 원하지 않는 차림 때문에 아침부터 얼굴 붉히며 힘 빼지 말고 아이가 원하는 대로 입혀보는 건 어떨까? 어이없게도 한겨울에 반팔을 고집하더라도 한 번쯤은 입게 내버려두자. 자신이 고집을 피워 입게 된 한겨울 반팔 티셔츠가 엄마의 충고를 귀담아듣게 만드는 좋은 약이 될지도 모르니.

아이들은 바빠서
친구랑 놀 시간이 없다

6학년 교실, 미술수업이 한창인데 맨 앞자리에 앉은 민희가 작품을 만들면서 꾸벅꾸벅 졸고 있다. 평소 모범적이고 어른스럽기까지 한 아이인지라 쉬는 시간에 다가가서 살짝 물었더니 이른 새벽에 학원에 가서 공부를 하고 왔단다. "많이 피곤해 보이는데, 힘들지 않니?"라고 물었더니 "우리 반 친구들도 많이 그래요. 다 그런 걸요"라고 대답했다.

그러고 보니 요즘 부쩍 피곤한 얼굴인 아이들이 많았다. 그런 아이들에게 틈틈이 쉬는 시간을 주어야 하는 건 아닌가 안쓰러움이 생겼다.

요즘 아이들에게 미술, 음악, 실과와 같은 주요 과목 이외의 수업은 벌써부터 찬밥 신세다. 대입시험을 준비하는 고3 수험생도 아닌데, 순위가 밀린다고 평가되는 과목 시간은 여지없이 아이들의 휴식시간이 되고 만다.

엄마가 다니라고 해서 다니는 곳, 학교!

어느 때부터인지 모르지만 학교는 '쉬는 곳'이 되어버렸다. 분위기가 어색해진 김에 아이들에게 학교에 왜 다니느냐고 한번 물었다.

"엄마가 다니라고 해서요."

"원래 다녀야 하니까요."

"안 다니면 혼나잖아요."

"친구들이 다니니까 다니죠."

교사 입장에서 마음에 드는 대답은 하나도 없었다.

1990년대 말부터 2000년 초반 사이에 'I love school'이라는 사이트가 크게 유행한 적이 있다. 그래서 명절이 되면 그 사이트에서의 모임 이름을 피켓에 써서 친구를 기다리는 이들을 쉽게 찾아볼 수 있었다. 그렇게 많은 이들이 학창시절의 어렴풋한 기억을 떠올리며 앨범을 들춰보는 일이 마냥 기분 좋은 이유는 무엇일까? 그것은 바로 풋풋하고 순수했던 친구들에 대한 잔상 때문일 것이다. 나이가 들어 새롭게 만난 사람들에게서는 찾아볼 수 없는 순수함과 잔잔한 정이 그리운 것이다.

너무 바빠서 친구들과 뛰어놀지 못하는 지금의 아이들이 어른이 되면 초등학교 혹은 중고등학교 시절의 친구들을 애타게 찾게 될까? 학원 공부에 치중해서, 혹은 친구들과의 부대낌이 없어서, 무엇보다 초등학교 시절을 기억할 추억이 그리 많지 않아서 어쩌면 그립지 않을지도 모른다는 생각이 든다. 어쩌면 그 추억을 되돌아보는 일이 유쾌하지 않을지도 모른다.

내 아이에게는 초등학교 시절의 추억이 없을지 모른다

요즘 우리 아이들에게는 학교, 학급, 친구를 사랑할 시간과 마음의 여유가 없는 듯하다. 학급에 대한 소속감은 온데간데없고, 학교는 의무감으로 다니는 곳이고, 외톨이가 되지 않기 위해 친구를 사귀는 것이 요즘 아이들의 자화상이 되어버렸다. 몸이 아파서 학교를 결석할 수는 있어도 과외나 학원은 빼먹을 수 없고, 친구들과 마땅히 할 이야기가 없더라도 어느 무리에 소속되어야 하는 요즘 아이들에게 과연 초등학교 시절에 대한 향수가 생길 수 있을까?

이 아이들에게 소중한 추억을 선물하기 위해서는 부모들의 마음가짐부터 달라져야 한다. 그러기 위해 몇 가지 원칙을 꼭 기억하자.

첫째, 친구들과 함께 어울리며 공감대를 만들 수 있는 시간과 공간, 마음의 여유를 주자. 아이들만의 문화를 형성할 수 있도록, 먼 훗날 어른이 되더라도 어린 시절의 풋풋한 기억과 향수를 떠올리며 사람과 사람 간의 정을 소중히 여기는 사람이 될 수 있도록 말이다.

둘째, 엄마와 아빠가 학교에 다니던 시절의 행복한 추억을 자녀들에게 자주 들려주자. 그러면 학교의 소중한 가치를 어렴풋하게나마 느낄 수 있다. 또한 엄마, 아빠가 해주는 작은 이야기 속에서 친구와 선생님을 대하는 지혜, 학교를 소중히 여기는 지혜를 깨달을 수 있을 것이다.

셋째, 학원이나 과외보다 학교가 더 중요하며 선생님의 말 한마디가 더 소중하다고 이야기해주자. 학교에서의 시간과 선생님의 말씀을 소중히 여

기다 보면 학교에 대한 애정도 깊어질 것이다.

아이들에게 학교에 다니는 이유를 물었을 때 나는 이런 대답들이 나오기를 기대한다.

"우리 학교가 좋아서요."

"공부하는 것이 뿌듯하거든요."

"학교에 다니는 것 자체가 즐거워요."

"친구들과 함께 공부하는 것이 행복해서요."

재윤이처럼 부모가 원하는 대로 '머리'로만 살아온 아이들은
어느 날 갑자기 반항하거나 말을 듣지 않기 마련이다.
저학년 때는 시키는 대로 잘 따르지만,
고학년이 되면서부터는 자신의 감정과 욕구를 알아차리게 되어
더 크게 짜증을 부리거나 분노를 표출하며
부모와 갈등을 일으키는 것이다.

5장

잘못된 자녀 사랑이 문제아를 만든다

자식을 불행하게 하는 가장 확실한 방법은
언제나 무엇이든지 손에 넣을 수 있게 해주는 일이다.
• 루소의 《에밀》 •

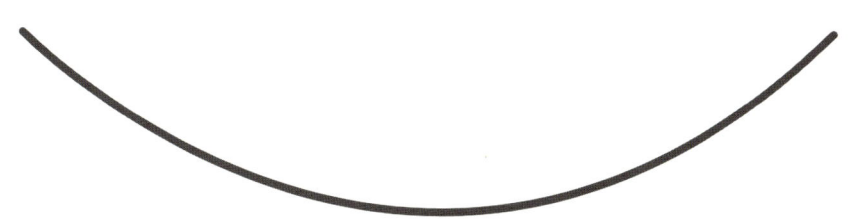

무기력한 아이들 속에는
'화'가 쌓여 있다

　새 학년이 되면 새로운 선생님과 친구들이 어떤가를 살피며 모든 아이들이 대체로 열심히 한다. 하물며 6학년이 되어서 전학을 온 아이에게는 더더욱 새 학교, 새 친구, 새 선생님이 조심스러울 것이다. 그래서 나는 개학하는 첫날 우리 반에 전학 온 영석이에게 친근하게 다가갔다.

　"영석이, 키가 참 크구나. 어느 학교에 다니다 왔니?"

　"……."

　영석이는 귀찮은 듯 대답 대신 기초 조사서를 쓱 내민다. 처음엔 아직 낯설어서 그러려니 이해하려고 했다. 그런데 수업시간이 되자 공책 필기도, 발표도, 조별 활동에도 참여하기 싫어하고 숙제도, 자습도, 일기 등의 과제에도 관심이 없었다. 새로운 친구를 사귈 생각도 없는 듯했고, 친구들이 뭘 물어도 대꾸하는 걸 귀찮아했다. "이야기를 읽고 생각이나 느낀 점을 자신의 경험과 관련시켜 쓰시오"라는 국어 수행평가 문제에서는 '재미'라는 한 단어로 답해서 나를 난감하게 했다. 그런데 이상하게도 25문항 단원평가에서는 늘 100점을 받거나 한 문제 정도 틀린다. 영석이는 따로 학원에 다니거나 과외 공부를 하지 않는 데다가 수업태도와 생활태도도 낙제감인데, 시험을 보면 점수가 좋으니 아이들도 감탄하며 부러워하기까지 했다. 영석이도 내심 그러한 자신이 자랑스러운 모양이었다.

그러나 성적이 좋다고 감탄만 하고 손 놓고 있을 수는 없었다. 올바른 학교 교육의 목적은 인성과 창의력을 계발하고 경쟁이 아닌 협력, 이기심보다는 이타적 심성을 키우는 것이 우선이기 때문이다.

"영석아, 친구들이 너랑 친해지고 싶어하는 것 같은데 얘기도 좀 하고 같이 놀지 그래?"

"영석이, 숙제 안 했구나. 다음부터는 꼭 해오렴."

이런 조언이나 당부를 하면 '네' 하는 대답뿐이다. 사실 대답하기도 귀찮아하는 것 같고, 단지 그 상황을 모면하고 싶은 마음이 말투에서 그대로 드러난다.

무기력증은 무관심으로 나타난다

고학년 청소년기의 무기력증은 학습을 포함한 학교생활 자체에 대한 무

관심으로 나타나며, 다른 아이들과도 어울리지 못하는 심각한 증상으로 이어질 수 있다. 이런 아이들은 아무런 꿈도 욕구도 미래도 없는 것처럼 보인다. 마치 물에 젖은 솜처럼 축 처진 채, 교사의 지도에도 반응이 없고 소통이 전혀 이루어지지 않는다.

그러던 어느 날 점심시간이 끝나고 5교시 시작종이 친 지 한참이 지나서 영석이가 씩씩거리며 교실에 들어왔다. 이어 몇 명의 남자아이들도 굳은 표정으로 교실에 들어왔다. 문제가 생긴 것이다. 나는 무슨 일인지 궁금했지만 일단 수업을 먼저 진행시켰다. 흥분한 아이들에게 자기 감정조절의 시간을 주고 자기를 들여다볼 기회를 주기 위해서였다. 이렇게 하면 아이들은 '선생님이 그냥 넘어가나 보다' 생각하고 일단 안심한다. 그러면 흥분이 좀 가라앉고 '왜 그랬을까, 참을 걸, 후회된다……'는 마음이 들면서 차분해지고 얼굴색도 회복되고 수업에도 집중할 수 있다. 5교시 수업이 끝난 후 쉬는 시간에 아이를 불러 물어보았다.

"영석아, 어떻게 된 거야?"

자초지종을 들어보니, 점심을 먹고 축구를 했는데 공을 독차지만 하고 패스를 하지 않는 동수 때문에 억울하게 한 골을 먹었다고 했다. 영석이가 패스하라고 계속 소리를 쳤는데도 동수는 막무가내였고, 종이 울리는 바람에 경기가 그대로 끝났다는 것이다.

"너무 화가 나서 체육창고 문을 발로 찼는데 문이 찌그러졌어요. 체육 선생님이 그걸 보셔서 엄청 혼나고 들어왔어요. 잘못했습니다."

교실에서는 언제나 무기력하던 영석이에게서 어떻게 그런 에너지가 나온 것인지……. 운동을 통해 에너지를 발산하고 감정을 표출하는 것이 그 또래 남자아이들의 자연스러운 모습이기에 오히려 안심이 되었다.

다 큰 것 같은 6학년도 아직은 '애'다

그런 반면 영석이 어머니는 전학 온 첫날부터 학부모 총회, 공개수업 등 학부모 참여 행사에 빠짐없이 참석했다. 전업주부라 그럴 수도 있지만 영석이에 대한 걱정과 관심이 남달라 보였다.

평소 집에서 영석이는 공부나 숙제를 전혀 하지 않는데, 시험을 보기 전에는 언제나 문제집 한 권을 다 풀고는 100점을 받아 온다고 하셨다.

"우리 영석이가 100점 받아올 때는 대견하지만, 사실 시험점수보다 평소 생활태도가 별로 성실하지 않고 의욕이 없는 것 같아 걱정이에요. 또 가끔 집에서 '죽고 싶다'고 말하는 것도 너무 걱정돼요. 물론 저한테 투정 부리려고 하는 말인 건 알지만 요즘 매스컴에서 워낙 청소년 자살에 대해 떠들어 대서……. 게다가 밥도 잘 먹지 않아 키만 '삐죽' 크고, 원래 입이 짧은데 요즘은 식욕이 더 없는 것 같아요. 한약도 먹이는데 차도가 없고요. 영석이 성격에 나무라면 더 튀어 오를 것 같아 가끔 안아주고 엉덩이도 '툭툭' 두들겨 주는데 그러면 아직도 어린아이마냥 좋아해요."

"네, 맞아요. 6학년 아이들도 다 큰 것 같지만, 엄마에게 떼쓰고 어리광도 부리고 싶고, 자랑도 하고 칭찬도 많이 받고 싶어해요. 6학년 아이들이 고민하는 부분이 바로 그런 거예요. 최고 학년으로 올라갔다며 어린이가 아니라 어른으로 인정받길 원하면서도, 또 한편으로는 책임감 때문에 주위 시선이 부담스럽고 두려운 거죠. 오히려 아이처럼 어리광을 부리면서 중학교에 입학하는 게 싫다고 말하는 아이들도 있어요. 그래도 어머니께서 늘 받아주시고 이해해 주시고 영석이 편이 되어주시니 영석이가 많이 위로를 받고 힘을 얻는 것 같아요. 그래서 학기 초보다 많이 편안해지고 친구들과 어울리기도 하고 표현도 하고 그러네요."

부모와의 소통이 해답이다

직업군인인 영석이 아버지는 영석이와 어머니에게 굉장히 엄격하고, 명령조로 이야기하며, 절약정신이 지나쳐 너무 인색하다고 했다. 또 아이가 투정 부리는 것, 말대답하는 것을 용납하지 않으며 예의에 어긋나는 행동에 대해서는 철저히 벌을 주고 매를 들기도 한다.

학교에서 무기력하며 갑자기 분노나 화를 표출하는 아이는, 가정이나 과거 어떤 사건들에서 상처나 억울함 등으로 스트레스를 경험했을 가능성이 크다. 영석이는 군인인 아버지가 만든 답답한 가정 분위기에서 스트레스와 분노를 느끼며 성장했을 것이다. 어쩌면 이 아이가 에너지를 표출하지 못하고 무기력한 모습을 보였던 것은 이러한 해묵은 감정 때문이거나 훈계의 목소리 때문이었는지도 모른다.

다행히 어머니는 그런 아버지를 수용하고 나름대로 독서와 운동 등의 건강한 방법으로 풀고 있었다. 또한 아이의 위로받고 투정 부리고 싶은 마음을 안아주거나 도와주려고 했고, 학교활동이나 담임선생님과의 상담에도 적극적이었다. 가끔은 담임선생님과 통화를 하거나 문자 메시지를 주고받으며 아이의 모습을 확인하고 아이의 마음과 건강을 위해 자신이 할 것이 무엇인가를 늘 살피셨다. 물론 아이의 자율성을 침범하지 않는 선에서 더하거나 덜하지도 않게 말이다.

어머니와의 소통과 교류 덕분인지 그 후 영석이는 좀 더 편안한 얼굴로 미소까지 지으며 학교생활을 하였다. 수업시간에는 놀라운 집중력으로 학급 일등을 내어주지 않았다. 게다가 축구에 열광하는 남자아이들 틈에서 자신의 축구 실력을 한껏 뽐내기도 했다. 몇 달 전처럼 골을 내주어도 한 번쯤은 '씩' 웃어넘길 여유도 갖게 되었다.

영석이가 졸업한 후 아홉 달이 지난 11월, 영석이 어머니로부터 한 통의 편지가 왔다.

"올가을 단풍은 유독 아름다웠어요. 성숙한 우리들의 모습처럼요. 우리 영석이도 세상을 다 아는 것처럼 성숙하게 말을 하고 있어요. 제 눈에는 여전히 아이인데 말이에요. 중학교에 올라오니 영석이의 성적이 말이 아니네요. 그래도 아이는 별걱정 없이 여전히 친구들과 열심히 축구도 하고 게임도 하며 즐겁게 지냅니다. 저는 요즘 공부를 강요하지 않는 것이 최선이라고 생각한답니다. 영석이는 자신이 하려고 마음만 먹으면 집중해서 해내는 아이라고 믿으니까요. 선생님이 믿어주신 것처럼요. 아이들을 입시 전쟁으로 몰고 가는 우리 사회의 교육 현실 속에서 아직 우리 영석이에게 스트레스를 주고 싶지 않네요. 6학년 때의 그 중요하고 힘든 시기를 선생님의 도움으로 영석이와 제가 잘 넘겨왔기에 지금 영석이가 밝게 자라고 있지 않나 생각됩니다. 앞으로 어떤 힘든 일이 있어도 지금과 같은 마음이라면 긍정적으로 헤쳐 나갈 수 있을 거라 믿어요."

영석이 어머니의 편지에 다시 한번 감동했다. 시험점수가 1점만 떨어져도 왜 그랬느냐고 나무라고, 어떻게 초등학교 때보다 더 못하느냐고 윽박지르고, 지금 맘 편하게 게임이나 하면서 놀 때가 아니라고 닦달하는 어머니들이 얼마나 많은가.

당신은 아이가 울 때 어떻게 하는가? 아이가 화를 내고 힘들다고 소리를 지를 때 어떻게 하는가? 아마 대부분이 '우는 것은 어린애들이나 하는 짓'이라며 '뚝' 그치라고 할 것이다. 어쩌면 시끄럽다고 윽박지를지도 모른다. 아이들이 진정 바라는 것은, 영석이 어머니가 그랬던 것처럼 자신을 보듬어주고 지지하고 격려하고 기다려주는 따뜻한 마음임을 기억하자.

허한 마음을
친구로라도 채워야 해요

아이들 사이에는 눈에 보이지 않는 '밀고 당기는 힘'의 역동이 늘 작용하는데, 특히 고학년 여자아이들 사이에는 이러한 힘이 특히 두드러진다.

올해 학기 초에도 어김없이 아이들 사이에 '친구 탐색전'이 시작되었다. 이번에는 이름이 같은 아이가 둘이 있었는데, 윤정이는 자기와 이름이 같은 또 다른 윤정이가 신경이 쓰였나 보다. 자신보다 월등히 공부를 잘하고 각종 대회에서 우승을 한 윤정이. 자신에게 열등감마저 느끼게 하는 것 같아 윤정이는 공부 잘하는 윤정이가 싫었다. 더욱이 자기랑 친한 친구와도 친해지려고 하는 걸 보니 윤정이는 이름이 같은 그 아이가 더욱 싫었던 모양이다.

바로 이때부터 윤정이는 친구 만들기에 모든 에너지를 집중시키는 듯

했다. 이름이 같은 친구에게 느낀 열등감에서 벗어나고 자존심을 회복하는 길은 많은 친구를 사귀고 그들을 자기 편으로 만드는 거라고 생각한 것이다.

친구는 있어도 힘들고, 없어도 힘들어요

특히, 윤정이는 그 많은 친구 중에서도 윤희만 있으면 든든하고 힘이 생긴단다. 윤희는 공부를 썩 잘하는 편은 아니지만 착하고 성실하며 성격이 좋아 남자아이, 여자아이 할 것 없이 모두가 좋아하는 아이다. 그래서 윤희 주위에는 항상 아이들이 모여 있고 아이들은 윤희와 친해지고 싶어한다. 윤정이는 그런 윤희와 '베프(베스트 프렌드)'라는 것이 너무나 자랑스럽고 든든하다.

윤정이는 심지어 문장완성 검사 때에도 이렇게 쓰곤 했다.

"친구는 그냥 아는 사람이다. 윤희 빼고."

"내가 가지고 있는 것 중에서 가장 아끼는 것은 윤희이다."

"내가 만일 외딴곳에 가서 혼자 살게 된다면 윤희와 같이 살고 싶다."

이렇게 친구관계에 촉각을 곤두세우며 애쓰는 윤정이. 속으로는 얼마나 힘이 들까? 가끔 윤정이는 일기에서 "너무 힘이 든다. 가끔 혼자 있고 싶다"라고 쓰거나 "친구는 있어도 힘들고 없어도 힘들다"라고 마음의 어려움을 토로한다. 그래서인지 윤정이의 글과 그림은 동화 같다. 윤정이는 날개

달린 버섯 모양의 집에 살기도 하고, 풍선을 타고 구름 사이를 둥둥 떠다니기도 한다. 현실을 받아들이려 하지 않는 아이들은 공상 세계에서 살고 싶어하는 법이다.

어머니의 사업 때문에 윤정이는 갓난아기 때부터 초등학교에 입학할 때까지 줄곧 외할머니의 손에서 자랐다. 어머니와 떨어져 자란 경험은 아이에게 상처로 남기 쉽다. 어머니에게 서운하고 화나는 마음을 은연중에 가지고 성장하기 때문에 조금만 서운한 일이 생겨도 자신이 피해를 입었다고 생각하는 것이다. 할머니의 사랑을 충분히 받았더라도 어머니와 함께한 다른 아이들에 비하면 마음 한쪽이 허전할 수밖에 없다. 그래서인지 사람에 대한 욕심과 시샘이 많다. 특히, 사춘기에 접어들어 관계가 중요해지면서는 더 예민하게 되고, 친구에게 집착하는 경향이 생길 수 있다.

투정, 받아줄 땐 받아줘라

그렇다면 윤정이의 허한 마음을 채워줄 수 있는 것은 무엇일까? 어른들은 일이 바쁘다, 시간이 없다, 피곤하다는 핑계로 좋은 학용품, 최신 게임기, 많은 용돈으로 그것을 대신하려 한다.

어느 날, 윤정이 어머니가 학교로 전화를 해왔다.

"윤정이가 집에서 자꾸 짜증만 부리네요. 혹시 학교에서 무슨 일이 있는지 궁금해서 전화를 드렸어요."

가끔 윤정이는 나에게 와서 이런 말을 하곤 했다.

"엄마는 저한테 관심이 없어요. 제가 무슨 이야길 하든 사춘기라 그런 거라며 제 얘기에 귀를 기울이지 않아요……."

"어머니, 학교에서는 잘 지내는 편이에요. 친구들과도 잘 지내고 수업시간에도 열심히 참여하고요. 선생님도 많이 도와주는 아이예요. 그런데 마음이 편안하지 않은지 친구들이랑 잘 지내면서도 한편으로는 좀 외로워하는 것 같기도 하고……. 윤정이에게는 친구가 제일 중요한 모양이에요."

윤정이 어머니는 요즘 너무 바쁘고 정신이 없어 아이를 잘 챙기지 못했다며 아이에게 중요한 시기인 만큼 집에서도 신경을 많이 쓰겠다고 했다. 전화를 끊으며 차마 꺼내지 못한 얘기가 머릿속을 맴돌았다.

'어머니, 윤정이가 어릴 때 마음껏 풀어내야 했던 어리광과 투정도 좀 받아주세요. 혹시 미안한 마음이 있으시면 솔직하게 사과를 하는 것은 어떨까요? 속내를 터놓고 얘기하면 아이가 좀 편안해질 것 같아요.'

나는 가끔 우리 반 아이들에게 말하곤 한다. 미안하다면 먼저 사과하는 것이 더 용기 있고 편안해지는 방법이라고. 우리 사회는 어른이 아이에게 먼저 사과하는 것이 자연스럽지는 않은 모양이다. 사랑과 관심을 먹고 사는 우리 아이들. 윤정이와 같은 아이들이 좀 더 자유롭고 편안한 마음으로 학교에서, 가정에서 생활할 수 있도록 우리 어른들이 마음을 열고 아이들의 허한 마음을 안아주었으면 좋겠다.

부모의 의견에 맞서
타협할 수 있는 아이로 키워라

　재윤이는 '우리 학교의 아나운서', '우리 학년의 일등'으로 알려진 똑부러진 아이다. 아나운서 같은 정확한 발음과 꾀꼬리 같은 목소리로 교내 말하기 대회에서 일등을 하고, 선생님들 사이에서는 모범생으로 칭찬이 자자하다. 노트 정리를 할 때면 일정한 간격으로 너무나 반듯하게 글씨를 쓰고, 글짓기에서는 이유나 근거를 들어가며 아주 논리적으로 글을 쓴다. 국어 교과서를 읽고 나서 주제에 관한 질문을 하면 외운 듯이 또박또박 대답을 하고, 역사 지식이 많은 사회책을 문장 그대로 빠짐없이 암기한다. 수학, 과학 과목 역시 완벽하게 익혀 단원평가에서는 항상 100점을 받고, 한 학기에 두 번 있는 학업성취도 평가에서도 전 과목 평균이 만점이거나 실수로 하나 정도만 틀린다. 초등학교 6학년이 어쩌면 이렇게 완벽에 가까울 수 있는지 담임이 보기에도 놀랍다.

우리 애는 제가 시키는 대로 너무 잘 따라와요

재윤이의 장래희망은 '교수'란다. 아이 말에 의하면, 전 과목 평균이 만점이었을 때 가장 행복하지만, 앞으로 공부를 잘할 수 있을지 걱정이며, 가장 무서운 것은 시험문제를 틀려 엄마에게 혼나는 것이다. 또 공부하는 것이 지겹고, 소원은 '한 번 보면 뭐든 이해가 되고 외워지는 것'이다. 여느 아이들과 달리 친구에 대한 고민은 전혀 찾아볼 수 없다. 상담이나 일기에 자주 등장하는 이야기는 오로지 공부에 대한 걱정과 스트레스뿐이다.

학부모 상담기간 동안 만난 재윤이 어머니는 "우리 재윤이가 욕심이 많아 스스로를 너무 힘들게 해요. 시키지도 않았는데 매일 할 일을 다이어리에 꼼꼼하게 적어놓고 할 때마다 하나씩 지워가는 거예요. 오늘 할 일을 다 하지 않으면 절대 자지도 않아요. 오늘 할 일은 오늘 끝내야 한다나요? 중간고사를 보고 와서는 문제 하나를 실수로 틀렸다며 얼마나 서럽게 울던지……. 정말 특이하다니까요. 어떨 때는 답답해요. 그래서 '재윤아, 오늘은 일찍 자. 내일 하면 되잖아'라고 말해도 절대 듣지 않아요. 왜 그러는지 모르겠어요"라고 말씀하셨지만 답답한 마음이 아니라 왠지 으쓱해 하는 것처럼 보였다.

'우리 아이는 다른 아이들과 달리 철저하게 학습하고 있어요. 제가 시키는 대로 너무나 잘 따라오고 있어서 얼마나 뿌듯한지 몰라요'로 들리는 것은 나의 섣부른 판단일까? 아직 초등학생인 아이가 스스로 자신을 철저하게 몰아붙이고 닦달하는 모습이 과연 자연스러운 것인지 의문이 들었다.

재윤이는 오히려 어머니보다 솔직했다.

"어릴 때부터 지금까지 늘 엄마와 같이 공부했어요. 시험 때는 문제도 정리해 주시고 늦게까지 같이 있어주시는데, 하나라도 틀리면 걱정하세요."

아이들은 환경에 절대적인 영향을 받는데, 특히 부모가 만든 환경에 민감하게 반응한다. 태어날 때부터 부모가 만든 환경에서 부모가 정해 놓은 규칙을 잘 지키며 '말 잘 듣는 아이'로 성장한 아이는 부모에게 칭찬받고 인정받기 위해 반드시 '모범생'이 되어야 하는 것이다. 부모나 다른 사람의 말과 생각을 비판 없이 받아들여 그대로 따르려는 행동이나 생각을 내사introjection라고 한다. "한 시간 공부해라", "책을 몇 쪽까지 읽어라" 등과 같은 말을 곧이곧대로 따르려고 노력하는 아이들은 내사가 강한 아이들인데 부모들은 그 모습을 보며 아이가 너무 착하다고 자랑하곤 한다.

그러나 자라는 아이의 입장에서는 그것이 반드시 좋은 일만은 아니다. 자신보다는 부모를 먼저 생각하는 것 같지만, 눈치를 보면서 자신의 욕구나 감정을 억누르기 때문에 커갈수록 감정이 메마른 사람이 될 가능성이 크다. 부모의 인정과 칭찬을 받기 위해 자신이 진정으로 원하는 것이 무엇인지를 모르게 되는 것이다.

재윤이가 그랬다. 아이의 글에서는 '해야 하는 것', '되어야 하는 것', '공부와 관련된 것'은 많이 등장하지만, 욕구와 관련된 '하고 싶다', '먹고 싶

146

다', '가고 싶다', '놀고 싶다' 등의 표현은 거의 보이지 않았다. 여느 아이처럼 큰소리로 웃는 것조차 보기 어렵고, 아이들이 아이돌 스타, 최신가요, 드라마 이야기를 할 때 재윤이는 '영어로 끝말잇기'를 하자고 해서 친구들을 불편하게 만드니 친구 관계가 좋을 리 없다. 게다가 더 큰 문제는 재윤이 자신이 진정으로 원하는 것이 무엇인지를 모른다는 것이다. 그것은 오랫동안 부모가 원하는 모습으로 살아온 탓에 자연스레 그렇게 된 것이다.

성적보다 아이가 원하는 것을 체크하라

재윤이처럼 부모가 원하는 대로 '머리'로만 살아온 아이들은 어느 날 갑자기 반항하거나 말을 듣지 않기 마련이다. 저학년 때는 시키는 대로 잘 따르지만, 고학년이 되면서부터는 자신의 감정과 욕구를 알아차리게 되어 더 크게 짜증을 부리거나 분노를 표출하며 부모와 갈등을 일으키는 것이다. 부모는 말 잘 듣는 아이로 양육하는 것이 좋은 부모의 역할이고, 아이를 위하는 길이라고 생각한다. 그러나 아이러니하게도 부모가 강하게 요구하면 할수록 아이는 반대 방향의 특성을 발달시킬지도 모른다. 물론 재윤이는 아직 "엄마가 제일 무섭다, 싫다", "공부가 지겹다"라는 소극적인 방법으로 표현하고 있지만 시간이 지나면서 어떤 방식으로 자신을 표현할지 알 수 없다. 담임으로서 나는 그것이 걱정된다. 단지 그전에 어머니가 그러한 재윤이의 마음을 알아주기를 기대할 뿐이다.

"재윤이가 엄마를 많이 닮은 모양이네요."

애쓰는 아이가 안쓰럽기보다 대견하며, 학업성취도 평가에서 한 문제를 틀린 것이 속상할 뿐인 어머니에게 나는 이런 말밖에 할 수가 없다. 어머니에게는 재윤이가 원하는 것이 무엇인지보다 시험성적과 문제를 틀린 이유가 더 중요하니까 말이다.

우리는 머리보다 가슴이 넓고 따뜻한 아이들이 세상을 보다 윤택하게 살아간다는 것을 잘 알고 있다. 개인적으로 나는 '성실하다', '모범적이다', '공부 잘한다'는 말을 듣는 것도 좋지만, 활동적이고 밝으며 조금은 '방방 떠보이는 아이들'이 아이답고 건강하다고 생각한다. 자신의 욕구나 느낌이 부모와 다르더라도 당당하게 표현할 수 있고, 때로는 부모의 말을 거스르며 부모와 타협할 수 있는 용기를 길러주는 것이 더 바람직하지 않을까 싶다.

고기만 먹겠다는 아이, 고기만 줘야 할까?

아이들 사이에서 기범이는 '자기 하고 싶은 대로 하는 아이'로 불린다. 기범이는 늘 시커먼 외투를 입고 까만 피부색에 입가 버짐이 허옇게 핀 무표정한 얼굴, 중간 정도의 키에 중도 비만쯤으로 보이는 체격을 가졌다.

1교시 수업부터 기범이는 언제나처럼 책상에 무기력한 표정으로 엎드려 자고 있다. 수업을 시작하기 전에 "기범이, 일어나거라!"라고 말해도 전혀 반응이 없다. 이번엔 옆으로 다가가 기범이를 흔들어 깨우지만 잠시 고개를 들었다가 곧 엎드려 버린다. 책상 옆 고리에 걸린 가방에는 물과 수저통 외에는 아무것도 들어 있지 않다. 수업내용이 이해가 되지 않는 것인지, 학습의욕이 없는 것인지, 지난밤에 잠을 못 잔 것인지 그 이유를 도통 알 수가 없다. 그러나 진단평가를 치르면 성적은 보통 이상이어서 학습이 부진

하지 않은 게 신기하기도 하고 다행이기도 하다.

"나는 급식이 싫어요!"

급식시간이 되면 아이들은 정해진 순서대로 나와 밥과 국, 반찬을 자기 양에 맞게 식판에 담아 제자리로 돌아간다. 그런데 기범이는 급식대 근처를 기웃거리며 오늘의 메뉴를 확인하는가 싶더니 가까운 줄 사이에 끼어들어 돈가스 한 점만 '달랑' 집어 들고선 점심시간 내내 보이지 않는다.

어느 날은 급식을 담고 있는 사이 아예 급식대 근처에도 오지 않고 어디론가 사라져 보이지 않는다. 그러더니 점심시간이 끝나고 나서야 뒷문으로 조용히 나타난다. 4교시만 하는 수요일엔 아이들이 급식을 준비하는 사이 벌써 가방을 메고 집에 갈 준비를 한다.

"기범아, 벌써 가려고? 집에 맛있는 거 숨겨뒀어?"

'씨익' 웃으며 인사를 하고는 냉큼 줄행랑을 친다. 기범이의 가장 큰 문제는 모든 아이들이 가장 좋아하는 점심시간을 제일 싫어한다는 것이다.

4월 초, 학부모 공개수업날 기범이 어머니가 오셨다. 공개수업이 끝나고 어머니와 상담을 했는데 그제야 모든 궁금증이 풀렸다. 기범이는 부모님의 늦은 결혼과 함께 태어난 아이여서 귀여움을 독차지했고, 어릴 때부터 말을 잘 듣지 않고 까다로웠으며, 원하는 대로 되지 않으면 울기부터 했다고 한다. 어린이집, 유치원 등에 맡기고 퇴근 후 늦게 아이를 데리러 갔다는 어머니는 "안쓰럽고 미안한 마음에 해달라는 것, 감자탕, 불고기, 삼 겹살 같은 고기반찬 위주로만 해줬어요. 그중에서도 감자탕을 제일 좋아해 요. 야채, 나물 같은 것은 도통 먹으려고 안 하니까……. 이런 게 없으면 과 자나 사탕만 먹겠다고 그래요. 또 우유는 토할 것 같다며 어릴 때부터 안 먹었어요"라고 말했다.

초등학교 입학쯤에는 이러한 식습관이 고착되었고, 그래서인지 급식에 도통 적응하지 못했다. 우유를 포함해 급식에는 거의 손을 대지 않았고, 하 교 후에야 점심으로 '엄마 표 감자탕'을 먹는다는 것이다.

고학년이 된 기범이의 하루 생활패턴은 대략 이랬다. 하교 후 3시 정도에 '엄마 표 고기 음식'으로 늦은 점심을 배부르게 먹고 4시에 학원을 간다. 어 머니가 준 용돈으로 중간에 과자며 사탕을 사 먹는다. 8시에 집에 돌아온 후 게임을 하다가 어머니가 귀가하면 9시에 또다시 고기류의 음식을 먹고 10시에 잠을 잔다. 과식을 하고 늦은 시간에야 잠이 들기 때문에 아침에는 잘 일어나지 못한다. 어머니는 아침 7시에 아이를 깨워 놓고 출근하지만 아 이는 다시 잠들고 9시가 다 되어서야 일어나 어머니가 챙겨놓은 고기반찬 을 혼자 먹고 늦게 등교한다.

저녁밥을 늦게 먹으면 몸이 음식을 소화시키느라 피곤함이 가중되는데, 이런 상태에서 수업에 집중이 될 리 만무하다. 무기력하고 나른해진 느낌 때문인지 기범이는 오전 수업 내내 엎드려 자기 일쑤이며, 영양소가 골고 루 든 급식에는 손도 대지 않는다. 또한, 이렇게 점심을 거르니 하교 후 3 시쯤 허겁지겁 밥을 먹게 되는 불규칙한 생활이 반복된다. 더군다나 감자탕이나 고기가 없으면 몸에 좋지 않은 과자나 인스턴트 음식으로 배를 채우니 알레르기성 비염이 생겼고, 코나 입 주위는 버짐이 핀 것처럼 늘 헐어 있으며, 중도 비만으로까지 이어진 것이다.

부모의 사랑을 고기반찬과 바꾸지 마라

말하자면 기범이 어머니는 아이가 좋아하는 것을 먹고 행복해하는 모습을 보면서 죄책감을 덜었던 것이다. 기범이가 고기만 먹으니 고기만 주게 된 것인지, 아이를 아끼는 마음에 고기만 주다 보니 고기만 먹게 된 것인지는 알 수 없지만, 이 '악순환의 고리'를 끊지 않고서는 기범이의 잘못된 식습관을 고칠 수 없다고 판단했다.

기범이의 식습관과 생활습관을 고치기 위해서는 일단 어머니의 마음가짐부터 바꿔놓아야 했다. 아이에 대한 미안함과 죄책감을 버려야 했다.

"어머니, 어머니는 직장 때문에 그럴 수밖에 없는 사정이 있으셨잖아요. 우리 반이나 학교의 많은 아이들이 맞벌이 부모님 밑에서 다들 그렇게 커왔어요. 그래도 잘 먹고 잘 뛰어놀고 공부도 열심히 하고 그래요. 그러니 아이에게 너무 미안해하지 않으셔도 돼요. 아이들은 어른들이 생각하는 것보다 강하거든요."

맞벌이 부모님들은 아이에게 언제나 미안해한다. 사랑을 충분히 주면서도 부족한 느낌을 지우지 못한다. 그러나 그런 마음이 오히려 아이를 망칠 수 있음을 명심해야 한다.

"기범이의 식습관을 고치기 위해서는 어머니의 의지가 가장 중요해요."

당장 그날 저녁부터 기범이 어머니는 아이에게 몇 가지를 일러두기로 약속했다. 이제 건강을 위해 감자탕과 삼겹살이 아닌 채소나 다른 반찬을 먹어야 한다는 것과 간식은 일절 없다는 것을 말이다. 물론 아이는 처음에 무척 힘들어했고, 투정도 부렸다. 그런데 먹기 싫다고 투덜대며 잘 먹지 않던 녀석이 일주일쯤 지나서는 배가 고팠는지 서서히 먹기 시작했고, '시장이 반찬'이라는 옛말이 진리인 듯 학교 급식도 거르지 않기 시작했다.

아이들의 식습관 형성은 부모의 식습관뿐만 아니라 그들의 규칙성과 의지에 달렸다. 그리고 무엇보다 중요한 것은 식습관이 아이의 생활 전반에 영향을 끼친다는 것이다. 아이들은 먹는 것을 통해 더 많은 것을 얻고 성장한다. 그래서 아이들의 먹을거리는 먹는 것 이상으로 중요하다.

하루 종일 컴퓨터게임만
하고 싶어요!

우리 집 장남인 현식이는 어려서부터 책을 좋아해서 독서량이 많았다. 초등학교 6학년 땐 유명 대학의 영재센터에 뽑힐 정도로 수학을 잘하는 총명한 아이였다. 이런 현식이와 컴퓨터게임 전쟁이 시작된 것은 초등학교 3학년 때부터였다. 평소 집에서 게임할 시간을 주지 않아서 그랬는지 아이는 그즈음 동네 문방구 게임기 앞에 앉아 있는 시간이 많았다.

어느 날 머리를 다듬고 오라고 미용실에 보냈더니 한 시간이 넘어도 오지 않았다. 기다리다 지쳐 미용실에 전화를 했더니 머리를 하고 간 지 30분이 넘었다고 했다.

나는 부리나케 아이를 찾으러 나섰다. 아이는 아파트 상가에 있는 문방구 게임기 앞에서 게임기를 두드리느라 내가 옆에 다가오는지도 몰랐다.

컴퓨터 사용시간 조절능력을 키워줘라

비가 오는 날에는 가방 밑이 흠뻑 젖은 채로 들어오곤 했다. 무슨 일인지를 물어보면 가방을 메고 학교 문방구 게임기 앞에 쭈그리고 앉아 시간 가는 줄 모르고 게임을 했단다.

'컴퓨터게임이 그렇게 하고 싶을까?'

문방구 게임기 앞에 앉아 있던 현식이는 고학년으로 올라가면서 오락실을 드나들기 시작했고, 내 감시를 피해 몰래 오락실에 가는 횟수도 늘어났다. 물론 집에 있는 컴퓨터는 암호를 걸어놓아 게임을 차단했다. 점차 학년이 올라가면서 컴퓨터를 켤 때 게스트로 들어가서 컴퓨터게임을 하거나, 컴퓨터 암호까지 풀어 내가 없을 때 집에서도 컴퓨터게임을 하는 시간이 점차 늘어났다.

외출했다 들어오면 컴퓨터 모니터를 만져보고 모니터가 따끈한 날에는 크게 혼을 내곤 했다. 내가 컴퓨터를 못하게 하면 할수록 우리 아들의 컴퓨터게임 시간은 늘어가고 있었다. 그래서 나는 마지막 결단을 내렸다. 그것은 꼭 필요할 때, 또는 아이가 학원에 간 사이에만 외출을 하고 되도록 외출을 하지 않는 것이었다.

이런 나의 노력 덕분인지 지금은 좋은 대학에 합격하여 2년을 다니다가 군 복무 중이며, 아들과의 컴퓨터게임 전쟁도 끝이 났다. 지금 생각하면 정말 애가 타고 힘든 과정이어서 어떻게 그 시기를 넘겼는지 꿈만 같다.

며칠 전 동네 마트에서 몇 년 전에 담임을 했던 아이의 어머니를 만났는데 반갑게 인사를 하면서 이제 고2인데 게임만 하고 공부를 하지 않는다고 속상해하며 하소연 겸 상담을 하셨다. 내 아들을 생각해보니 그 마음을 십분 이해하고도 남아 길에 서서 한동안 도움이 될 만한 이야기를 해드렸다.

이렇듯 우리 주위에는 컴퓨터게임으로 인해 속병을 앓는 학부모들이 많이 있다. 아이가 컴퓨터게임에 빠져 있다면 이렇게 해보자.

첫째, 하루 중 컴퓨터 사용시간을 미리 정해서 꼭 지키도록 한다.

둘째, 주 1회 인터넷이나 게임을 하지 않는 날을 정하여 그날만큼은 게임을 하지 않도록 약속한다.

셋째, 과제 해결이나 공부 등 특별한 목적 없이 1시간 이상 인터넷을 하지 않도록 한다.

넷째, 컴퓨터를 거실 등 공개된 장소에서 사용하도록 한다.

이와 같이 어려서부터 컴퓨터 사용 습관을 들여 스스로 컴퓨터 사용시간을 조절할 수 있는 능력을 길러주어야 한다. 컴퓨터게임에 빠져 있다가 약속한 시간이 되었다고 컴퓨터를 끄는 것은 우리 어른들에게도 어려운 일이다. 그러니 아이가 컴퓨터 사용시간을 어겼을 때는 컴퓨터를 하는 시간을 줄이거나, 며칠간 못하게 하거나, 용돈을 줄이는 등의 규제를 통해 바른 컴퓨터 사용 습관을 만들어줘야 한다.

지금 생각해보면 내가 아이에게 집에서 컴퓨터를 할 시간을 전혀 주지 않았다는 것이 가장 큰 문제였던 것 같다. 그러면 아이들은 문방구 게임기 앞이나 오락실로 갈 수밖에 없다. 무조건 못하게 하기보다는 적절한 사용 습관을 길러주는 것이 현명한 부모일 것이다.

세상에 재밌는 건
인터넷게임밖에 없어요

"오늘의 뉴스입니다. 아기 키우기 게임을 즐겨 하던 신혼부부가 3개월짜리 아기를 굶겨 죽인 사건이 발생했습니다. PC방을 전전하며 무책임하게 먹이지도 않고 돌보지도 않아 3개월 된 신생아가 3킬로그램의 몸무게에 삐쩍 마른 채로 발견되었습니다."

"게임중독에 빠진 20대 엄마가 아들이 거실에 오줌을 쌌다는 이유로 마구 때리고 목 졸라 숨지게 했습니다. 하루 8~10시간 게임을 하던 엄마는 외출도 잘 하지 않고, 집안도 치우지 않아 쓰레기장 같은 곳에서 아이를 방치했다는데요. 그러다 아이가 거실에 오줌을 싸자 화를 참지 못하고 이런 일을 저질렀다고 합니다."

요즘에는 너무나 무서운 뉴스들이 많다. 특히 20~30대의 게임중독 사건들이 눈에 띄게 많아졌는데, 이런 사건들이 점점 많아지는 건 무엇 때문일까? 이들은 대부분 10대 때부터 여가 시간에 주로 게임만 했고 그것이 습관이 되어 중독에 이른 것이다.

다양한 놀 거리를 알려줘라

당신의 아이가 미래에 이런 모습으로 자란다면 어떨까? 아이들이 게임중독이나 텔레비전 중독, 미디어에 중독되는 이유는 바로 게임보다 더 재미있는 것을 발견하지 못했기 때문이다. 다른 놀 거리가 없어서 그것밖에 안하는 것이다. 방과 후, 친구들과 신 나게 뛰어놀고 싶어도 학원 가느라 바빠서 안 되고, 엄마 아빠랑 함께 놀고 싶어도 부모님은 부모님대로 바쁘고, 형제자매들도 각자 제 할 일을 하느라 바쁘다. 특히 외동인 경우에는 즐길 거리가 오직 텔레비전이나 인터넷게임, 닌텐도 같은 미디어 매체뿐이다.

게임중독에 빠지지 않게 하기 위해서는 다른 놀 거리를 알려줘서 즐겁게 노는 법을 경험시키고 익히게 해야 한다. 이를테면 공기놀이, 딱지치기, 줄넘기 등 친구들과 함께할 수 있는 놀이나 혼자서도 할 수 있는 놀이를 다양하게 가르쳐주고, 그냥 노는 것이 마음에 걸린다면 방과 후 학교 도서관에 가서 책을 읽는다든지, 지역 도서관 이용방법을 안내해 준다든지, 아이들이 좋아하는 활동을 찾아주는 것도 바람직하다.

아이들에게 게임을 전혀 못하게 하는 것도 문제가 있다. 적당한 게임은 스트레스 해소에도 도움이 되고, 다른 아이들과의 이야깃거리가 되기 때문이다. 특히 요즘에는 온라인 게임을 많이 하기 때문에 게임 속에서 채팅을 하며 교우관계가 더 돈독해지기도 한다. 하지만 한번 게임에 빠지면 헤어나오기가 어렵기 때문에 통제능력이 생기기 전까지는 가능한 한 게임에 늦게 노출시키는 게 좋고, 게임시간 통제 부분은 부모님이 융통성 있게 분배해줘야 한다.

아이들이 아직 어리다면 구체적으로 시간과 규칙을 정해 게임을 하게 해야 한다. 그리고 고학년 남자아이들은 게임을 하다가 음란물에 빠질 수 있으므로 가족들이 함께 사용하는 트인 공간에 컴퓨터를 두어야 한다.

보통 가정에서는 부모님들이 컴퓨터 사용시간을 제한해 중독에 이르는 경우가 많지 않지만, 간혹 틈만 나면 게임을 하는 중독된 아이들이 있다. 그런 아이들은 눈이 다소 풀려 있거나 무기력하고, 학습활동이나 야외활동에 별 관심이 없다. 게임 캐릭터가 자나 깨나 눈앞에서 아른거리고, 자판 커서를 두들기는 것처럼 손이 저절로 빈 책상 위에서 움직여지고, 게임을 할 때 외에는 눈에 생기가 도는 일이 거의 없다.

컴퓨터는 가족 공동 장소에 두어라

아이가 인터넷게임에 빠지는 것은 부모의 책임이 크다. 부모가 바빠서 아이를 돌볼 수 없다면 누군가가 대신해서 그 역할을 해주어야 한다. 사촌

형이든, 누나든, 삼촌이든, 이모든, 도우미 아주머니든 믿을 만한 사람이 꼭 필요하다. 또한 자녀 앞에서 장시간 컴퓨터 사용 않기, 가족들이 함께 이용할 수 있는 공동 장소에 컴퓨터 두기, 컴퓨터는 반드시 허락을 받고 사용하기 등의 규칙을 만들어 관심을 갖고 꾸준히 지도해야 한다. 특히 인터넷은 부모님이 계실 때만 접속하게 하는 것이 좋다. 그리고 필요하다면 유해 사이트 차단 프로그램을 설치하여 아이가 즐겨 찾는 사이트가 무엇인지를 수시로 확인하는 것이 좋다.

아이와의 교감이 부족하다면 미니홈피나 블로그 등을 이용해 가족 홈페이지를 만드는 것도 도움이 된다. 사진 한 장, 글 한 페이지가 업데이트될 때마다 가족들의 추억이 차곡차곡 쌓여 사랑도 커질 것이다. 얼굴을 마주보며 말하기 쑥스럽고 힘든 얘기도 온라인상에서는 좀 더 솔직하게 털어놓을 수 있다. 또한 컴퓨터 사용법에 대한 이야기를 자주 나누고, 게임과 현실은 다르며 게임 내용이나 캐릭터는 사람들이 지어낸 허구임을 인식시켜야 한다. 또한, 폭력적인 게임 대신 가족이 함께하며 즐길 수 있는 게임을 하면 아이들의 정서에도 좋은 영향을 미칠 것이다.

그리고 맞벌이 부부라면 부모가 바쁘게 돈을 버는 것이 무엇을 위한 것인지를 다시 생각해보자. 가장 중요하고 우선이 되어야 할 것은 돈이 아닌 내 가족과 자식들이다. 그러니 지금부터라도 자신의 마음가짐을 돌아보며 자녀 교육에 대해 진지하게 고민해보자.

인터넷 게임중독 척도

년 월 일 _____학교 ___학년 (남 , 여) 이름 _____

문항 내용	전혀 그렇지 않다	때때로 그렇다	자주 그렇다	항상 그렇다
1. 게임으로 인해 학교생활이 재미없게 느껴진다.				
2. 게임을 하는 것이 친한 친구와 노는 것보다 더 좋다.				
3. 게임 속의 내가 실제의 나보다 더 좋다.				
4. 게임에서 사귄 친구들이 나를 더 알아준다.				
5. 게임에서 사람을 사귀는 것이 더 편하다.				
6. 내 캐릭터가 다치거나 죽으면 실제로 내가 그렇게 된 것 같다.				
7. 게임을 하느라 학교 숙제를 할 시간이 없다.				
8. 게임을 하느라 내가 해야 할 일을 자주 잊어 버린다.				
9. 게임하는 시간이 점점 늘어난다.				
10. 처음에 계획했던 게임 시간을 지키기 어렵다.				
11. 게임을 그만하라는 말을 듣고도 그만두기가 어렵다.				
12. 게임하는 시간을 줄이려고 하지만 잘 안 된다.				
13. 게임을 안 하겠다고 마음먹고도 다시 게임을 하게 된다.				
14. 게임을 하면서 전보다 짜증이 늘었다.				
15. 다른 할 일이 많아도 게임을 먼저 한다.				
16. 게임을 못하면 하루가 지루하고 재미없다.				

17. 게임을 안 할 때도 게임 생각이 난다.				
18. 야단을 맞고 나서도 다시 게임을 하고 싶다.				
19. 게임을 하지 않으면 불안하다.				
20. 누가 게임을 못하게 하면 화가 난다.				

합 계				

총 점	/ 80

일반 사용자	35점 이하	잠재적 위험 사용자	36~45점	고위험 사용자	46점 이상

인터넷 게임중독 척도 해석

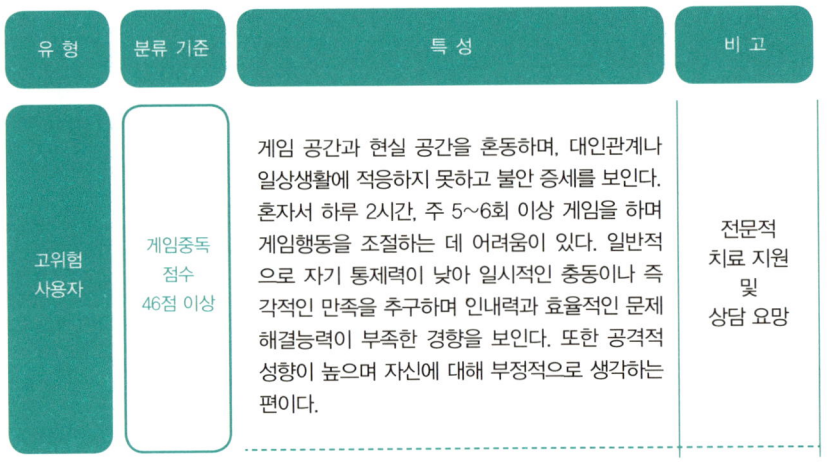

유 형	분류 기준	특 성	비 고
고위험 사용자	게임중독 점수 46점 이상	게임 공간과 현실 공간을 혼동하며, 대인관계나 일상생활에 적응하지 못하고 불안 증세를 보인다. 혼자서 하루 2시간, 주 5~6회 이상 게임을 하며 게임행동을 조절하는 데 어려움이 있다. 일반적으로 자기 통제력이 낮아 일시적인 충동이나 즉각적인 만족을 추구하며 인내력과 효율적인 문제 해결능력이 부족한 경향을 보인다. 또한 공격적 성향이 높으며 자신에 대해 부정적으로 생각하는 편이다.	전문적 치료 지원 및 상담 요망

잠재적 위험 사용자	게임중독 점수 36~45점	고위험 사용자에 비해 낮은 수준이기는 하나 가상 세계에 빠져 있는 것은 동일하며 게임에 점점 더 몰입하는 경향을 보인다. 하루 1시간 30분, 주 3~4회 정도 게임을 하며 주로 혼자서 게임을 하는 경향이 있다. 때때로 공격적 성향을 보이며, 자기 통제력이 낮고 충동적이다. 자기 위주로 생각하고 말보다는 행동이 앞서는 경향이 있다. 자신에 대해 부정적으로 생각하는 편이다.	게임중독 행동주의 및 예방 프로그램 요망
일반 사용자	게임중독 점수 35점 이하	게임 습관을 스스로 조절할 수 있으며, 게임과 현실세계에 대한 구분이 명확하다. 하루 1시간 이하, 주 1~2회 이하로 게임을 하며, 친구나 형제 등 주변 사람들과 함께 게임을 즐긴다. 자신의 욕구를 조절할 수 있고 효율적으로 문제를 해결한다. 일시적인 충동이나 즉각적인 만족을 주는 문제행동을 좋아하지 않으며, 자신에 대해 긍정적으로 생각하는 편이다.	지속적 자기점검 요망

출처 _ 한국정보문화진흥원 인터넷중독예방상담센터(www.kado.or.kr/iapc)

인터넷 중독 예방 지침서

우리 아이의 안전한 인터넷 이용을 위해 꼭 알아야 할 점

1. 온라인상의 주민등록증이라고 할 수 있는 자녀의 아이디가 무엇인지 알아두어야 한다.
2. 자녀가 자주 접속하는 게임을 알아두고, 업체가 제공하는 이용시간을 꼼꼼하게 체크한다.

3. 온라인상에서의 대인관계, 특히 아이가 온라인에서 어떤 사람들과 자주 만나는지를 알고 있어야 한다.
4. 자녀가 가입한 카페, 팬클럽 등 커뮤니티에 대해 알아야 한다.
5. 자녀의 온라인 음란물 접속 여부를 파악하고, 필요시 음란물 차단 시스템을 이용한다.
6. 자녀가 주로 다니는 PC방이 어디인지, 전화번호가 무엇인지를 알아둔다.
7. 자녀의 정보 잠재력과 인터넷 지능을 계발할 수 있도록 지도하는 능력을 키워야 한다.

우리 아이 인터넷 중독 예방을 위해서는 이렇게 하자!

1. 인터넷 사용시간은 강압적으로 통제하지 말고 자녀와 합의해서 정한다.
2. 부모도 컴퓨터에 대해 알고 인터넷 사용에 모범을 보인다.
3. 컴퓨터는 거실 등 가족이 공유하는 장소에 둔다.
4. 학습을 돕는 긍정적인 인터넷 사용을 칭찬한다.
5. 자녀가 여가 시간에 인터넷 사용 이외에 다른 취미활동을 할 수 있도록 유도한다.
6. 인터넷을 사용하면서 식사나 군것질을 하지 않도록 한다.
7. 인터넷 사용에 대해 일관된 태도를 보여준다.
8. 자녀 스스로 인터넷 사용시간의 조절이 어려울 경우 시간관리 소프트웨어를 활용한다.
9. 자녀의 평소 생각이나 고민이 무엇인지에 관심을 가져야 한다.
10. 인터넷 사용으로 인한 정서불안이나 갈등이 지속되면 전문 상담기관의 도움을 받는다.

인터넷 중독 예방상담센터 안내

인터넷중독예방상담센터는 인터넷 사용조절 및 인터넷 과다사용과 관련하여 학교 부적응, 학업, 진로, 부모와의 갈등 등 다양한 어려움을 극복할 수 있도록 도와준다.

o 전국 상담 대표전화 : 1599 – 0075
o 상담시간 : 평일(09:00~21:00), 토요일(10:00~17:00)
o 홈페이지 : www.iapc.or.kr

휴대전화는
내 분신이에요

선생님 눈을 피해 책상 밑에서 휴대폰을 만지작거리는 수연이, 등교하자마자 전원을 끄라고 해도 틈만 나면 켜서 문자를 확인하고 휴대전화 고리를 만지작거리며 손에서 놓지 않는다. 쉬는 시간이나 점심시간에는 화장실에 가서 몰래 전원을 켜서 게임을 하기도 한다. 친구들의 신고로 몇 번 적발이 되어 주의를 주었지만, 그 버릇은 쉽게 고쳐지지 않고 있다. 거의 휴대전화 중독 상태다. 잠깐이라도 휴대전화가 눈에 띄지 않으면 불안해하는 증상까지 보인다.

고학년 아이들의 절반 이상은 휴대전화를 소유하고 있다. 저학년 아이들도 반에서 몇 명은 부모와의 원활한 연락을 위해 가지고 다니는데 점점 그 수가 늘어가는 추세이다. 맞벌이 가정이 늘어나고 세상이 험해지니 당연한 결과라고 생각한다. 요즘 아이들이 컴퓨터와 휴대전화 사용이 일상화 되면서 표준어 사용을 잘 못하거나 예의에 어긋난 행동을 가끔씩 하곤 한다. 교실에서조차 선생님을 '쌤'으로 줄여 말하고, 자기들끼리 줄임말을 쓰며 은어로 속닥거리는 건 다반사다. 최소한 학교에서만은 표준어 사용을 권장하며 생활화하도록 지도하고 있지만 어려움을 느낄 때가 많다.

휴대전화에 대한 책임교육이 필요하다

휴대전화가 일반화된 요즘, 가지고 다니는 것을 반대할 수만은 없다. 하지만 그에 대한 책임교육은 꼭 필요하다. 아이들이 들고 다니기에는 다소 비싼 물건이기에 더욱 더 자신의 물건을 챙겨야 할 책임감이 필요하다. 더욱 중요한 것은 통신예절, 모티켓(motiquette ← mobile+tiquette, 휴대전화를 사용할 때 지켜야 할 예절)을 지키는 것이다.

휴대전화를 사주기 전에 반드시 약속하자. 정액제를 사용하고, 학교 내에서 사용하지 않도록 하고, 꼭 써야 할 상황이면 선생님께 허락받고 사용하도록 하는 사전 지도가 필요하다. 자기 휴대전화는 철저히 자기가 책임지고, 통신예절을 지킬 수 있도록 해야 한다.

우리 애도 혹시 휴대폰 중독일까?

다음은 휴대전화를 사용하면서 생길 수 있는 경험들에 대한 질문이다. 아이에게 테스트를 시켜보자. 주어진 문장을 잘 읽고 아이 자신이 경험한 것과 가장 맞다고 생각하는 정도에 표시하게 하면 되며, 체크한 결과가 60점 이상이면 위험군으로 분류된다.

문항 내용	전혀 아니다	약간 그렇다	적당히 그렇다	상당히 그렇다	아주 그렇다
1. 집에 휴대전화를 두고 오면 하루 종일 불안하다.	1	2	3	4	5
2. 휴대전화의 배터리가 한 눈금만 남으면 불안해진다.	1	2	3	4	5
3. 벨소리와 컬러링을 자주 바꾸는 편이다.	1	2	3	4	5
4. 무리해서라도 최신 기종의 휴대전화를 사고 싶다.	1	2	3	4	5
5. 휴대전화 요금이 과도하게 나와서 사용을 줄이려 노력한 적이 있다.	1	2	3	4	5
6. 수업시간에도 휴대전화의 전원을 끄지 못한다.	1	2	3	4	5
7. 수업시간이라도 문자 메시지가 오면 바로 답장을 한다.	1	2	3	4	5
8. 골치 아픈 일을 잊기 위해 문자 메시지를 날리거나 휴대전화 게임을 한다.	1	2	3	4	5
9. 새 전화기로 바꾸거나 휴대전화 요금을 내기 위해 아르바이트를 하거나 부모님께 거짓말을 한 적이 있다.	1	2	3	4	5
10. 심심하고 시간이 나면 별다른 용무없이 전화를 걸거나 문자를 날린다.	1	2	3	4	5
11. 휴대전화가 없는 나를 상상하기 어렵다.	1	2	3	4	5
12. 수신 상태가 좋지 않는 곳에는 오래 머물고 싶지 않다.	1	2	3	4	5
13. 전화가 오지 않더라도 자주 휴대폰을 꺼내 확인한다.	1	2	3	4	5
14. 문자 메시지를 보냈는데 바로 답장이 안 오면 짜증난다.	1	2	3	4	5
15. 만나서 대화를 하는 것보다는 전화가, 전화보다는 문자 메시지가 편하다.	1	2	3	4	5

16. 통화연결음이 울릴 때면 뭔가 새로운 일을 기다릴 때처럼 기대가 된다.	1	2	3	4	5
17. 휴대전화 요금이 연체되거나 장기연체로 사용정지가 된 적이 있다.	1	2	3	4	5
18. 전화를 하고 있으면 시간이 어떻게 가는지 모른다.	1	2	3	4	5
19. 어떨 때는 휴대전화가 내 몸의 일부같이 느껴진다.	1	2	3	4	5
20. 심심할 때는 불필요하게 휴대전화를 사용한다.	1	2	3	4	5

합 계				

총 점	/ 100

출처 _ 한국정보화진흥원 인터넷중독예방상담센터

휴대전화는 학급 담임선생님에게도 유용한 수단이다. 특히 문자 서비스는 더욱 그렇다. 미처 알림장에 적지 못한 내용을 편리하게 보낼 수 있고, 전화로는 어렵지만 문자로는 오히려 편하게 전달될 말도 있기 때문이다. 또한 급하게 연락을 주고받아야 할 때에도 수업 중이라 부담을 느낄 수 있는데, 이럴 때에도 문자는 좋은 연락 수단이 된다.

맞벌이 가정이 늘고, 무서운 범죄들이 늘어가는 사회 분위기 속에서 아이들의 휴대전화 소유를 억지로 막을 수는 없다. 학교에 휴대전화를 가지고 오지 못하게 하는 것은 시대에 역행하는 듯하다. 휴대전화를 사용하되, 정해진 규칙을 지켜 남에게 피해가 되지 않도록 하는 사전 교육이 필요하다.

휴대전화를 잘못 사용해 엄청난 요금이 나와 곤혹을 치르는 경우들이 더러 있다. 호기심에 동영상을 다운받아서 보거나 무심코 눌러서 이루어진 한 통화가 국제전화 가격으로 매겨져 수십, 수백만 원의 요금을 물게 되는 경우도 있다. 잘못된 휴대전화 사용으로 인해 경제적인 문제를 일으킬 수도 있고, 문자중독이라는 말이 나올 만큼 손에서 휴대전화를 놓지 않는 아이들도 많다. 구체적으로 아낄 수 있는 다양한 요금제 안내가 필요하고, 사소한 전화 습관이라도 하나하나 알려줄 필요가 있다.

어린아이가 배가 아프다고 하는데
"넌 왜 걸핏하면 배가 아프니?"라고 야단치는 엄마가 있는가?
아이를 낫게 하고 달콤한 꿈나라로 데려가는 것은 언제나
"엄마 손은 약손~"이라며 배를 문질러주는 엄마의 따뜻한 손길이다.
예나 지금이나, 어른이나 아이나 할 것 없이 사람의 언 마음을 녹이는 건
용서지 회초리가 아님을 기억하자.

6장

조금 특별한 아이를
문제아로 만들지 마라

아이들에게 애정을 보여주고, 그들을 존중하고,
그들의 흥미에 따라 살아갈 수 있도록 자율권을 주는 것이
문제아를 만들어내지 않는 가장 좋은 교육법이다.
· A.S. 니일 ·

'일진'에 대한 편견을 깨라

월요일 아침, 막 수업을 시작하려는데 인터폰이 울렸다.

"여기 교무실인데요, 전입생이 하나 있어요. 지금 올려 보낼게요."

"아, 네. 그런데 설마 이번에도 남학생은 아니겠죠?"

"어머, 어쩌죠? 남학생인데……."

아이쿠, 또 남학생이라니. 우리 반은 지금도 남자아이가 네 명이나 더 많아 비율도 안 맞고 시끌벅적한데, 전입생을 안 받겠노라 할 수도 없고 난처한 일이었다. 그렇게 창선이가 우리 교실에 들어오던 날의 기억은 1년이 지난 지금까지도 뚜렷하게 남아있다.

나 저번 학교에서 일진이었어!

똑똑 두드리는 소리에 다소 긴장된 마음으로 교실 문을 열었다. 머리가 허옇게 센 할아버지 한 분과 남자아이가 서 있었다. 키가 크고 얼굴이 거뭇 거뭇한 데다 몸집도 제법 단단해 보여서, 4학년이라기보다는 오히려 6학 년에 가까운 인상이었다. 서류를 받으면서 맞벌이 부모인지를 여쭈었더니, 이사 때문에 며칠간 외할아버지가 도와주러 와 있노라 하셨다.

수업 끝나고 집에 혼자 찾아갈 수 있겠는지를 확인하고는, 할아버지를 가시게 한 후 아이만 데리고 교실로 들어왔다. 언제나 그랬듯이 반 아이들 은 전학생이 왔다며 호기심 가득한 얼굴로 들떠 있었다. 누구 짝이 될지를 점치느라 저희들끼리 두리번거리고 소곤거리기도 했다.

자기소개를 직접 해보겠느냐고 하자, 아이는 선뜻 고개를 끄덕였다. 전 입생이 오면 자기소개를 스스로 하고 싶은지를 묻곤 하는데, 대부분은 쑥 스러워서 아무 말도 못하고 바닥만 내려다보는 경우가 많았다. 이번처럼 씩씩하게 그러겠노라 받아들이는 아이는 무척 오랜만이었다. 그러더니 대 뜸 하는 첫인사가 이랬다.

"안녕? 나는 이창선이야. 만나서 반가워. 너희들은 어떨지 모르겠지만, 난 이 학교가 세 번째야. 저번 학교는 8개월밖에 못 다녔어. 자꾸 이사를 다 니는 게 싫지만 어쩔 수가 없어. 이제는 이사를 그만 다녔으면 좋겠는데, 사실은 나도 어떻게 될지 몰라. 앞으로 친하게 지내자. 그리고 이건 혹시 몰라서 하는 말인데, 나 실은 저번 학교에서 '일진'이었어. 누구든지 나한테 이기고 싶으면 언제든지 맞짱 뜨자고 말해. 도전은 다 받아줄게."

방금 내가 들은 게 무슨 말이지? 이게 웬 날벼락인가! 내 짧지 않은 교사 경력에 이런 자기소개나 인사말은 처음 들었다. 자기가 '일진'이었다니, 전학 온 첫날, 그것도 담임선생님 앞에서 버젓이 자랑스럽게 말하다니 정말이지 듣도 보도 못한 일이었다. 이 아이가 제정신인 건가? 자기가 그런 사람이니 건드리지 말라는 의미일까? 아니면 아이들에게 겁을 주려고 거짓말을 하는 걸까? 도대체 이 아이의 정체는 뭐란 말인가!

키에 맞는 자리에 앉히자면 맨 뒷자리가 맞았지만, 구석 자리에 몰리게 되면 친구들과 어울리기 힘들 것 같아 한 줄 앞쪽에 자리를 정해주었다. 가뜩이나 서먹한 전입생이 맨 앞자리나 맨 뒷자리에 앉게 되면, 친구들과 가까워질 기회가 줄어 적응하는 시간이 더 오래 걸릴 것 같다는 생각에서였다. 창선이도 같은 이유에서 배려한 것인데 나중에 보니 전혀 그럴 필요가 없었다. 첫 수업이 끝나자마자 쉬는 시간 내내 돌아다니면서 아이들에게 말을 걸었으니까.

다른 때는 쉬는 시간이면 다른 녀석들이 전학생에게 우르르 몰려가 빙 둘러싸다시피 했는데 이번에는 완전히 반대 상황이었다. 아이들은 어쩐지 기신기신 피하는 눈치였는데, 심지어 한 녀석은 창선이가 다가가면 슬그머니 자리를 옮겨 다녔다. 창선이가 적극적으로 다가갈수록 아이들은 오히려 한 발짝씩 물러나는 것 같았다. 알 수 없는 묘한 긴장감이 교실 안에 맴돌았다.

아무래도 이대로는 안 되겠다 싶어서 방과 후에 창선이와 얘기를 나눠보려고 날을 잡았다. 지난번에 했던 인사말이 사실이냐고 물어보자 아무렇지도 않게 "네"라는 대답이 돌아왔다. '일진'이었다는 것을 자랑스럽게 생각하느냐, 왜 굳이 그런 말을 했는지 이유가 궁금하다고 했더니 아이들이 자기를 깔볼까 봐 일부러 더 밝혔노라고 말했다. 지난번 학교에서 하도 아이들이 놀리고 무시해서 할 수 없이 한판 떴다는 말도 들려주었다. 그땐 정말 죽기 살기로 싸워서 이겼다고.

부모님도 알고 계시는지를 물었더니, 다 아시지만 자기도 어쩔 수 없다고 했다. 동생에게 장애가 있어서 엄마가 매일 복지회관에 데리고 다니시는데, 그 사실을 알게 된 아이들이 걸핏하면 자기에게 '애자'라고 놀렸단다. 게다가 아토피가 심해서 피부에 얼룩이 질 때마다 아이들이 '괴물'이라고 부르기에 도저히 참을 수가 없었다는 것이다. 한번쯤 패주고 나면 놀리던 아이들이 얼마 동안은 잠잠해지고, 다들 자기를 함부로 대하지 않아서 마음이 놓였다고 했다. 보나마나 이곳 아이들도 얼마 안 가 자기를 놀릴 것이고, 그때는 할 수 없이 또 한판 뜰 수밖에 없을 거라면서 어느새 굵은 눈물을 뚝뚝 흘렸다.

내 마음은 이제 평화로워요

한동안 지켜보았더니 창선이는 무척 우수한 학생이었다. 비판적 사고능력이 뛰어난 데다가 탐구적이고 어휘력까지 유창해서 다른 학생들에 비해 발표력이 탁월했다. 하지만 사소한 일에도 걸핏하면 화를 내는 예민함이 문제였다. 폭력적인 행동을 참아보자고 설득하고 충고했지만 친구들의 잘못에 대해 시시비비를 가리는 것으로 문제를 해결하려 했다. 그동안 습관화된 행동과 사고방식을 단번에 고치기에는 마음의 상처가 너무나 깊은 것 같았다.

얼마 후, 창선이 어머니와 전화 상담을 하게 되었다. 어머니도 창선이의 그런 점에 대하여 잘 알고 있었고, 내심 걱정을 많이 하고 있었다. 아버지의 직장이 건축 현장인 탓에 이사를 자주 하게 되고, 어머니는 발달장애를 가진 동생에게 전적으로 매달리다 보니, 창선이가 주변 사람들과 정을 나눌 기회가 없었다고 했다. 누구와 친해질 만하면 헤어지고, 누구를 믿고 의지할 만하면 이사하는 일이 되풀이된 것이다. 그래서 아마 사람을 잘 믿지 못하고 불쑥불쑥 화를 내는 건지도 모르겠다며, 어머니는 잘 부탁한다는 말을 몇 번이나 했다.

가랑비에도 옷은 젖는다고 날이 가면서 창선이는 차츰 안정을 찾아갔다. 우리 학교에 장애 학생들이 많고 장애에 관한 이해교육을 충분히 받아서인지, 우리 반 녀석들은 창선이의 동생 이야기를 특별히 의식하지 않았다. 그러자 창선이의 폭력적인 행동이 눈에 띄게 줄어들었다. 어쩌다 마음에 들지 않는 일이 있어서 큰소리를 내거나 화를 내긴 해도, 자신의 고칠 점을 알고 스스로 노력하는 모습이 몹시 대견하고 놀라웠다. 총명한 아이다 보니 어떤 태도로 친구들을 대해야 호감을 얻는지를 하나하나 익혀가는 듯했다. 나중엔 친구들과 다투는 일이 거의 없어졌고, 모둠활동에서도 의견 조정을 제법 훌륭하게 해냈다.

학년 말 국어시간에, 학년 초의 모습과 학년 말의 모습을 비교하여 자기가 어떻게 달라졌는지를 얘기해보는 활동이 있었다. 그때 창선이는 "저는 화를 자주 내고 친구들과 싸우는 일이 많았었는데, 지금은 마음이 무척 평화로워진 것 같습니다"라고 발표했다. 나와 아이들은 "와~" 하는 환호로 그 뛰어난 표현력에 갈채를 보냈다.

꽁꽁 언 마음을 회초리로 녹일 수는 없다

창선이의 경우와 같이 아이들이 공격성향과 폭력행동을 보일 때, 협박하거나 위협을 가하여 그 행동을 막으려는 시도는 효과를 거두기 어렵다. 강제로 금지하는 목록이 늘어날수록 아이의 반발과 분노는 커지게 된다. 아이들이 내보이는 폭력성의 대부분은 억압된 분노와 욕구불만의 표출이다. 이런 아이들을 변화시키려면 매를 들기보다는 봄바람 같은 따스한 숨결을 아이의 영혼에 살살 불어넣어야 한다. 아이의 꽁꽁 언 가슴을 살며시 어루만져 주어야 한다. 어린아이가 배가 아프다고 하는데 "넌 왜 걸핏하면 배가 아프니?"라고 야단치는 엄마가 있는가? 아이를 낫게 하고 달콤한 꿈나라로 데려가는 것은 언제나 "엄마 손은 약손~"이라며 배를 문질러주는 엄마의 따뜻한 손길이다. 예나 지금이나, 어른이나 아이나 할 것 없이 사람의 언 마음을 녹이는 건 용서지 회초리가 아님을 기억하자.

TV 없이는
못 살아요

가끔 가정에서 부모는 관대하게 허용하는데 학교에서는 제한하고 금지하는 기준들이 서로 부딪쳐서 난처할 때가 있다. 교내 휴대전화 사용이라든가, 복장에 관한 문제, 학교폭력에 대한 개념이해와 입장의 차이 등이 대표적인 사례이다. 개중에 전혀 생각지 못한 것도 많은데, 바로 TV 시청에 관한 가정 내 훈육과 학교의 교육내용이 동떨어진 경우이다.

언젠가 6학년 담임을 맡은 동료 교사가 해준 얘기다. 쉬는 시간이면 자주 듣게 되는 아이들의 대화가 있는데 주로 이런 내용이란다.

"야, 너 어제 ○○가 나온 개그 프로그램 봤어?"

"와, 진짜 ○○ 짱 웃겨. 완전 막 나가는 개그야!"

"거기 나오는 ○○ 할아버지 열라 귀엽지 않냐? 걔는 다 늙어서 웬 발악

이야? 크큭……."

그런 이야기를 듣다 보면 '그분이 너희들 친구냐, 왜 그렇게 버릇없이 이름을 막 부르냐'고 한마디 해주고 싶지만 그게 어디 쉬운 일인가. 혹시 '나이 든 담탱이가 밥맛없게 군다'고 할까 봐 그냥 못 들은 척 꾹 눌러 참는다고 했다.

혹시 화장실이라도 들어가 있으면 우르르 몰려와서 큰소리로 떠들어 대는 소리가 다 들리는데, 담임선생님 이름에 존칭을 붙여 말하는 아이는 찾아보기 힘들고 보통은 '누구'라는 별칭을 부르거나 '담탱이'라고 부른다. 심한 경우는 욕설까지 서슴없이 덧붙인다. 자기 부모를 지칭할 때도 마찬가지여서 오히려 이쪽이 문을 열고 나가기가 민망할 정도다. 그럴 때는 아이들이 나가기를 기다렸다가 나온다.

그런 상황은 남학생들보다 오히려 여학생들에게서 더 자주 찾아볼 수 있는데, 어쩌면 그리도 예쁜 얼굴에서 험악하고 무서운 말들이 튀어나오는지 모르겠다. 자기 부모 생일은 몰라도 좋아하는 연예인 생일은 훤히 꿰고 있고, 부모에게는 생일에 양말 한 짝 사들고 올 줄도 모르면서 친구의 생일선물을 고를 때는 며칠이나 돌아다니며 공을 들인다.

"이대로 가다간 우리가 늙어서 앓아누우면 애들 손에 죽 한 그릇도 얻어먹기 힘들겠어요. 다른 엄마들은 건강한데 왜 엄마는 만날 골골 하냐고 핀잔이나 주고 짜증이나 내지 않겠어요? 어쩌다 우리 아이들이 이렇게 변한 걸까요? 이게 다 우리 어른들의 책임일까요?"

내 생각은 사실 그렇다. 아이들 버릇이 없는 게 어제오늘 일도 아닐뿐더러, 가정에서부터 그냥 내버려두는데 학교에서 선생님들이 애를 쓴다 한들 얼마나 받아들이겠는가. 그렇다고 포기하는 것도 '선생님'이라 불리며 살고 있는 입장에서는 안 될 말이다.

'15세 시청가'에는 다 이유가 있다

얼마 전 사회수업 시간에 각자 자기가 좋아하는 TV프로그램을 소개하는 활동이 있었다. 어떤 프로그램을 왜 좋아하는지, 그 프로그램을 어떻게 변화시키면 더 좋은 프로그램이 될지에 대해 자기 의견을 말하는 내용이었다. 한 명씩 돌아가면서 발표하는 것을 집계하며 듣다 보니 의외의 결과가 나왔다. 좋아하는 프로그램 중에는 버라이어티 프로그램의 비율이 가장 높고, 다음으로 높은 것이 미니시리즈 드라마였다.

"아니, 이 프로그램들은 15세 이상만 시청해야 하는 거 아닌가요?"

"엄마 아빠랑 같이 보니까 괜찮아요!"

"우리 엄마는 그냥 다 보게 해주는데요?"

서로 질세라 앞다투어 대답하는 내용이 거의 비슷했다.

"그럼, 부모님이 10시 이후로는 텔레비전 시청을 못하게 하시는 집만 손 들어 볼까요?"

35명 중에서 12명만 손을 들었다.

내친 김에 매일 잠자리에 드는 시각을 조사해보니 11시 이후에 자는 학생이 절반이나 되었다. 무엇을 하다가 그렇게 늦게 자느냐고 물으니 학원 숙제 때문이라는 대답이 가장 많았고, 그 다음이 TV시청 때문이었다.

4학년 아이들의 만 나이는 9세에 불과한데 15세 이상 시청 가능한 프로그램을 이렇게 많은 아이들이 보고 있다는 것은 정말 예상치 못한 결과였다. 더구나 부모님과 같이 보면 괜찮다고 생각하는 사실에 더욱 놀랐다.

각 프로그램마다 시청 가능한 연령을 표시하는 것은 다 그만한 이유가 있어서인데, 그걸 중요하게 생각하지 않는 가정이 많다니 나로서는 심각하게 받아들여졌다. 뻔한 잔소리로 들릴지 알면서도 나는 하는 수 없이 프로그램을 시청하는 나이를 제한하는 이유에 대해 설명하기 시작했다.

"15세 이상 프로그램은 대부분 폭력적이고 잔인한 장면이 나오거나, 음란한 장면과 욕설이 나오는 경우가 많습니다. 그래서 어린이들에게는 좋지 않은 영향을 끼칠 수 있다고 판단해서 시청 나이를 제한하는 것입니다. 좀 더 크면 스스로 '아, 저건 문제가 있다, 저건 옳지 않다' 하며 가려볼 능력을 갖게 됩니다. 하지만 아직 여러분은 보이는 것을 사실 그대로로 생각하기 쉽고, 그대로 믿어버리기 쉬운 나이여서 화면에 시청제한 나이를 표시해주는 것입니다. 아무 생각 없이 재미있다고 자꾸 보다 보면, 거기에 나오는 욕설이나 좋지 않은 표현에도 익숙해져서 자기도 모르게 버릇처럼 쓰게 될 수 있습니다. 상대방을 무시하고 깔보는 말은 분명히 상대에게 상처를 주는 폭력적인 행동인데도, 버라이어티 프로그램에서는 재미 있고 유머가 풍부하고 재치가 있는 사람으로 인정해주는 분위기가 있습니다. 순수한 여러분들이 그것을 그대로 따라하다 보면 정말 좋은 친구 관계를 맺기 어려워집니다. 그리고 어른들이 서로 미워하고 복수를 하고 해치면서 살아가는 일은 정말 드문 일인데도 드라마에서는 아주 흔한 일처럼 나옵니다. 평범한 이야기로는 흥미를 끌기 어려우니까 복잡한 문제 상황을 만들어내는 거지요. 그런 것도 여러분의 정서에는 나쁜 영향을 미칩니다. 그러니 여러분 스스로가 자신을 위해 시청 시간과 프로그램을 잘 조절하고 선택할 수 있기를 바랍니다."

이런 말이 아이들에게 얼마나 효과가 있을지는 장담할 수 없다. 그러나 우리 반 학생들 중에서 단 몇 명이라도 실천하려고 노력한다면, 그래서 정서가 메마르고 언행이 거친 아이가 한두 명이라도 줄어들 수 있다면 그것만으로도 얼마든지 보람을 느낄 수 있을 것이다.

며칠 후에 자기가 좋아하는 프로그램과 잠자리에 드는 시각을 쪽지에 무기명으로 써내라고 해서 단순 조사를 해보았다. 그 결과 다큐멘터리 분야와 안전교육에 관한 프로그램이 꽤 많이 늘었다. 잠자는 시각이 앞당겨진 학생 수도 여섯 명이나 늘었다. 비록 아이들 답변이 다 진실은 아니라 할지라도, 이 아이들 생각 속에 옳고 그름에 대한 분별력을 심어준 것만으로도 의미가 있다고 생각한다.

장애의 '특별함'을
넘어서게 하라

 우리 반에는 특수학급에 포함되어 있으면서도 특수학급 교실에는 가지 않는 지적장애아 수영이가 있다. 국어나 수학 과목만이라도 자기 수준에 맞는 교육을 받으러 특수학급 교실에 가야 하는데, 아들이 특수아로 구분되는 것을 염려하는 어머니의 반대 때문에 일반 교실에서만 생활하고 있다. 수업에 심하게 방해가 될 만큼 자주 돌아다니거나 괴성을 지르는 등의 문제행동은 크게 없지만, 늘 모든 활동에서 배려하고 특별히 신경을 써서 돌보아야 한다.

 책을 읽힐 때에는 못 읽는 부분을 한 구절씩 따라 읽게 하고, 다른 과목 시간에는 자기가 할 수 있는 범위에서 활동에 참여하게 한다. 음악시간이면 음정과 박자를 제 마음대로 하여 큰소리로 불러대니 화음이 어우러진 아름다운 하모니는 포기한 지 오래고, 미술시간이면 무슨 작품이든지 시작하자마자 다 했다고 일등으로 내놓고는 슬슬 돌아다니려 든다. 엉뚱한 내용을 말하거나 부정확한 발음으로 발표하곤 해서 수업의 맥이 끊기기도 하지만, 그래도 열심히 손을 드니 꾸준히 발표할 기회를 줄 수밖에 없다.

요즘은 쉬는 시간이면 부쩍 이 친구 저 친구에게 다니며 말도 안 되는 소리로 놀리거나 똥침을 하여 걸핏하면 신고가 들어온다. 그럴 때 "그렇게 하면 안 되는 거야. 알았지?" 하면서 두 눈을 크게 뜨면 저 편한 대로 껄껄 웃고는 고개를 끄덕이지만 약발은 단 한 시간도 가지 않는다.

점심시간이면 먼저 후다닥 먹고 국통에 찌꺼기를 쏟아붓는 바람에 "더 먹을 사람 없지?" 라고 물어본 뒤에 기다리는 훈련만 한 달 넘게 시켰다. 아무리 늦게 배식을 해주어도 어찌나 급하게 먹고 뛰어나오는지, 그동안은 언제 음식 찌꺼기를 버릴지 몰라 지켜보며 먹느라 아이들도 나도 항상 긴장 상태였다.

모든 걸 배려받는 저 아이가 미워요

다달이 짝을 바꾸거나 모둠활동 준비물을 정할 때도 수영이에 대한 배려는 보이지 않게 작용한다. 그래서 짝은 골고루 돌아가며 앉도록 규칙을 정해 놓았고, 비교적 쉽고 간단한 일은 수영이가 맡을 수 있도록 친구들이 알아서 양보하는 분위기가 형성되었다.

소집단 활동을 할 때에는 수영이가 속한 모둠에 가산점을 준다. 물론 수영이가 활동에 참여하는 전제로 주는데, 모둠원들은 수영이와 함께 하기 위해 쉬운 역할을 맡기고 연습도 같이 한다. 그러면 수영이는 부족한 대로 열심히 참여하고 앞에 나와서 껄껄 웃으며 큰소리를 친다.

그런데 얼마 전, 수영이의 어머니가 우리 반 남학생 한 명을 지명하면서 믿을 수 없는 아이니 수영이와 짝으로 앉히지 말아달라는 전화를 해왔다. 내 딴에는 열심히 챙겨주고 있다는 자부심도 은근히 있는 데다가, 우리 반 아이들도 그만하면 잘 배려하고 있다고 느끼던 차에 그런 전화를 받으니 사실 기분이 썩 좋지 않았다. 남들 눈이 의식된다고 특수학급 교실에는 잠시도 보내지 않으려는 분이, 어쩜 그리도 자기 자식 위주로만 말씀하나 싶은 마음에 섭섭하기까지 했다.

그래도 일단 내용은 확인해봐야 할 것 같아서 자초지종을 들었는데 상상 이상으로 심각했다. 학교에서는 오히려 다른 아이들보다 더 상냥하게 대하는 그 아이가, 교문 밖만 나서면 태도가 돌변하여 집에 가는 동안 내내 따라가며 놀리고 괴롭힌다는 것이다. 어느 날 아들이 울면서 집에 들어왔기에 이유를 캐물었고, 하굣길에 어머니가 뒤를 밟아 확인한 결과라며 상황을 구체적으로 설명하니 의심할 여지가 없었다.

가만히 돌이켜보니 문제의 남학생이 평소 나의 눈치를 흘깃흘깃 살피며 약삭빠르게 행동하는 모습을 보였고, 친구들과도 사소한 다툼이 자주 있는 것으로 보아 그럴 수도 있겠다 싶었다. 게다가 얼마 전에는 옆 반 선생님으로부터 쉬는 시간에 한 남학생이 수영이를 놀리는 걸 본 적이 있다는 이야기도 들었었다. '교실 안의 모습과 다를 수도 있겠구나' 하는 생각이 들었다. 드물긴 해도 있을 법한 일이었다.

"학교 끝나고 집에 가는 길에 네가 수영이를 놀리고 괴롭히는 걸 누가 자주 보았다는구나" 하며 얘기를 꺼내자, 아이는 별 저항 없이 순순히 그랬노라고 인정했다.

"왜 그랬니?"

"그냥요."

"그래도 이유가 있었을 것 아니니?"

"그냥, 수영이는 우리가 다 봐주고 이해해줘야 하니까 가끔씩 얄미운 생각이 들어서요."

"너보다 부족한 점이 있는 친구인데도?"

"알지만 어떤 땐 너무 봐주는 것 같아서요. 고마운 줄도 모르잖아요."

"그래, 네 마음도 이해는 된다. 선생님도 가끔은 힘들 때가 있으니까. 그렇지만 너나 내가 수영이 같은 입장이었더라도 다른 사람들이 그렇게 해주지 않았을까?"

"……."

"우리가 가끔 불편해도 조금만 배려하면 수영이가 즐겁게 학교에 다닐 수 있다는 걸 이미 우린 잘 알고 있어. 그렇지? 그래서 너도 되도록이면 교실에서 잘해주려고 노력한 거지?"

"네."

"여태까지 잘해왔으니, 앞으로도 잘하자꾸나. 그렇지 않으면 우리 마음이 불편할 것 같아."

"네, 저도 잘할게요."

배려심, 칭찬으로 격려하라

"수영이가 우리한테 말은 안 해도 누가 자기에게 잘해주는지 다 알고 있나 보더라. 수영이 엄마가 누가 수영이에게 특히 잘해주는지 너무나 잘 알고 계셔서 놀랐어. 우리는 수영이 마음을 잘 몰라도, 엄마들은 자식 말을 잘 알아듣는 법이니까……."

이 아이도 아직 철없는 어린아이인데, 꾸중해서 해결될 일은 아니었다. 계속 관심을 가지고 지켜보며 마음에서 우러나오는 배려와 친절을 익힐 수 있도록 격려하고 칭찬하는 수밖에 없었다.

요즘은 이른바 '통합교육'이 확대되는 추세다. 이는 장애가 있는 학생들을 특수학급 교실로 따로 분리하지 않고 비장애 학생들과 한 교실에서 생활하며 배우도록 하는 것을 말한다. 통합교육의 장점이 무엇이고 어떤 이유에서 바람직한지는 그간 여러 연구결과들이 증명을 해왔다. 그러나 실제 초등학교 현장에서는 그에 따른 부담과 어려움이 만만치 않은 것이 사실이다.

신체적 장애를 가진 학생의 경우, 그 정도가 중할 때에는 보호자나 보조교사가 동행하여 용변처리나 이동을 도와주므로 오히려 별문제가 없다. 그런데 신체의 일부가 불편하거나 속도가 늦더라도 스스로 보행이 가능한 경우에는 별도의 보조교사가 없어서, 교실에서는 담임교사와 친구들의 배려에 전적으로 의존해야 한다.

특별실로 이동할 때에는 걷는 시간이 오래 걸리거나 자기 물건을 들고 가기가 불가능하여 친구들의 이해와 도움을 필요로 하고, 체육시간이나 집단활동의 팀을 구성할 때에는 다른 팀에 비해 불리한 조건에서 활동을 하게 되기 때문에 팀이 그 학생을 기피하거나 원망하는 마음을 가질 수 있어서 담임교사는 그러한 모든 상황을 고려하여 최대한 지혜롭게 대처해야 한다.

그뿐 아니라 단순히 지적장애만 가진 학생은 그 수업시간에 이루어지는 활동을 본인이 따라잡지 못해 손해를 볼망정—대부분의 초등학교에서는 국어와 수학 과목은 하루에 두 시간 정도 일시적 분리교육을 실시하지만, 다른 과목 수업은 모두 통합으로 이루어진다—전체적인 수업 분위기를 방해하는 일이 거의 없지만, 정서장애나 자폐를 가진 학생의 경우에는 수업시간 내내 큰소리를 내거나 자해 행동을 하거나 교실 안을 돌아다니며 돌발행동을 하거나 교실 밖으로 나가려고 하여 담임교사와 친구들을 긴장시킨다.

하루이틀도 아니고 1년 내내 그렇게 생활하려니 장애학생의 부모들은 담임교사와 다른 학생들에게 미안한 마음을 갖게 된다. 또한 비장애 학생의 부모는 또 그 나름대로 학급의 면학 분위기 형성에 방해가 된다면서 삼삼오오 모여 불평을 터뜨리기 일쑤다.

이런 현실에서 누구보다도 막중한 책임감과 부담감을 느끼는 쪽은 당연히 담임교사이다. 장애 학생과 학부모에게는 가능한 한 따뜻하고 편안한 교실 분위기를 제공하고 싶고, 비장애 학생들과 학부모에게는 서로 동등한 인격체로 존중하고 도와가며 살아가야 한다는 인식을 심어주어야 하기 때문이다.

장애는 언제 누구에게 닥칠지 모른다

그래서 학년 초에 장애학생이 포함된 통합학급을 맡게 되면, 먼저 반 학생들에게 장애에 대한 이해교육을 실시하게 된다. 우리 누구도 장애에서 자유로울 수 없다는 것, 내 사랑하는 가족과 나 자신 역시 당장 내일이라도 어떤 사고나 질병으로 장애를 가질 수 있다는 것, 어느 누구도 자신이 원해서 그런 상황에 놓이지 않았다는 내용의 '장애우 이해교육'을 시키는 것이다.

이 기간은 적어도 며칠 이상이 걸리고 이때만큼은 특히 특수학급 교사들과의 긴밀한 협력관계가 필요하다. 물론 1년 내내 수시로 상호협의를 하며 지도하는 것이 가장 바람직하지만, 실제로 그렇게 하는 경우는 흔치 않다. 통합학급의 담임교사 입장에서는 특수학급의 교사들을 호의적으로 대하기가 쉽지 않다. '특수교사들은 호봉이나 수당을 더 받는데, 학생들은 통합교육이라는 명분 아래 일반 담임들에게 맡겨 놓고 너무 편하게 사는 것 아닌가' 하는 시각을 가질 수 있기 때문이다.

대부분의 통합학급 담임교사는 매년 특수학급에 배정되는 수백만 원의 예산 중 얼마라도 통합학급에 나누어 지원되어야 옳다는 생각을 가지고 있다. 학교에 특수학급이 마련되어 있어서 장애학생들이 입학을 하게 되었건 만, 실제로는 '통합교육'이라는 명분 아래 훨씬 더 많은 시간을 보내는 곳이 원래 자기 반 교실(통합학급)이기 때문이다. 심지어 점심시간에도 장애학생 들을 데리고 급식지도를 하느라 신경이 쓰여서 점심을 제대로 먹지도 못하 는 경우가 많은데, 통합학급의 교사에게는 그 수고에 대한 어떤 보상도 없 으니 특수학급 교사들에 대해 서운한 감정을 갖게 되는 것이다.

　이렇다 보니 특수학급 교사가 통합학급의 담임에게 도움을 줄 수 있는 내용을 확인하고 필요한 도움을 적극적으로 제공해야 함에도 불구하고, 서 로 관계가 소원해져서 통합교육의 실효를 거두기 어려운 상황에 놓이기도 한다. 통합교육이 제대로 이루어지려면 통합학급의 교사와 특수학급 교사 간의 유대를 강화하고 팀 티칭을 활성화할 수 있는 제도적인 뒷받침이 마 련되어야 한다. 아울러 보조교사 채용을 확대하는 등 풀어나가야 할 과제 가 시급하다.

꽃으로도
때리지 마라!

"안 하면 안 돼요?"

"하기 싫어서 안 했는데요."

"바빠서 숙제할 시간이 없었어요."

"숙제 안 해왔다고 벌주시려고요? 체벌금지인데, 체벌하시면 신고할 거예요."

2010년 11월 1일부터 서울시 교육청은 '체벌 없는 평화로운 학교 만들기'를 선언했다. 몇몇 학교에서 불미스러운 사건들이 있어 이런 조항이 법으로 만들어진 모양이다. 학교마다 칭찬스티커를 활용한 상점제도와 벌점제도를 새롭게 정비하여 발표하였고, 체벌에 관한 찬반 의견으로 곳곳이 떠들썩했다.

선생님들 대부분은 아이들을 공정하게 대한다. 합의된 학급규칙 아래 칭찬과 벌점을 활용해 학급경영을 하는 편이어서 심한 체벌은 거의 없다. 그런데 초등학교 고학년 이상의 학생들이 체벌금지법을 무슨 방패인 양, 잘못된 행동에 대한 보호막으로 악용하는 경우가 종종 있다.

나 역시 신체적 체벌은 반대한다. 아이들은 존중받아 마땅하고 보살핌을 받고 사랑받으며 커야 한다. 그러나 옳지 못한 행동을 했을 때는 바로잡아 주는 것이 진정한 가르침이다. 잘못된 것을 고치도록 꾸지람도 해야 하고, 반성할 수 있도록 적절한 기회도 주어야 한다. 적당한 규제는 필요하지만 잘못했다고 때려서는 안 된다. 말로 해도 충분히 알아듣는다. 일기를 안 썼다면 쓰고 가게 하면 되고, 벌을 받는 대신 청소를 하게 하거나 벌칙으로 봉사활동 의무를 주는 등 여러 가지 대안을 활용하면 된다.

내 아이에게 맞는 사랑방식을 찾아라

아이들 대부분은 도덕성이 이미 형성된 상태로 입학하기 때문에 1년이라는 짧은 시간에 아이의 도덕적 관념을 바꾸기란 쉽지 않다. 그나마 저학년인 경우에는 담임선생님의 영향력이 커서 옳고 그름을 분명하게 판단하여 좋은 방향으로 이끌어주면 잘 따라오는 편이지만, 고학년으로 갈수록 담임선생님이 끼치는 도덕적 영향력은 점점 작아진다. 귀에 못이 박히도록 이야기해도 지각하는 녀석들은 매일 지각하고, 우유 안 먹는 녀석은 매일 안 먹고, 숙제 안 해오는 녀석들은 매일 안 해 온다.

아이들은 부모의 거울이다. 아이들의 생활태도를 보면 부모님의 모습이 대체로 보인다. 부모에게서 보고 배운 대로 행동하는 경우가 많기 때문이다. 친구를 배려하고 도와주는 우리 반 유진이는 인자한 어머니 모습 그대로다. 시간을 잘 지키고 매사에 성실한 성준이 역시 부모님의 좋은 모습을 많이 닮았다. 그와 반대의 모습도 있다. 치고받으며 자주 다투는 준식이는 다소 폭력적인 아버지 밑에서 자라 학교에서도 주먹부터 먼저 나가는 경우가 많다. 문제를 해결하려면 싸워서 이겨야 한다고 무의식적으로 배운 것이다.

아이가 어릴수록 부모의 영향력은 절대적이다. 갓난아기일 때 젖을 주는 엄마가 없으면 아이는 목숨까지 위험해질 수 있고, 추운데 옷을 따뜻하게 입혀주지 않으면 생명의 위협을 받을 수 있다. 그것은 인성적인 부분에서도 마찬가지다. 도덕적 판단력이 없는 시기에는 부모님이 하는 행동이 정의이고, 옳은 것으로 인식된다. 부모님의 행동 하나하나가 그야말로 삶의 교과서가 되는 것이다.

부모가 서로 사랑하는 모습, 배려해주는 모습, 아껴주는 모습을 보고 자라면 아이 역시 사랑을 베풀며 살아가게 된다. 아이들에게 부모가 먼저 모범을 보여주자. 지나가는 차가 없어도 무단횡단을 하지 않고 녹색 신호를 기다리는 모습에서 아이들은 교통질서를 배우고, 보는 사람이 없어도 양심껏 생활하는 태도를 배울 것이다.

또한 아이들은 끊임없이 사랑을 원하기 때문에 부모가 먼저 사랑을 제대로 표현해야 한다. 자기 자식을 사랑하지 않는 부모가 어디 있겠는가! 하지만 사랑하는 마음을 제대로 표현해야 한다. 호랑이에게는 고기를, 토끼에게는 풀을, 내 아이에게는 내 아이에게 어울리는 사랑을 주어야 한다.

어린이는 행복할 권리가 있다. 우리 아이들이 행복하게 살 수 있도록 보살펴주자. 그리고 아이의 행복 이전에 부모가 행복해야 한다. 부모가 지쳐 있으면 아이들에게 사랑을 전할 여력이 없어진다. 그러니 부모인 당신이 먼저 행복해져야 한다.

내 꿈은
연예인이에요!

3월의 학기 초 첫날은 학년이 바뀌고 반이 바뀌어 어색한 탓에 비교적 조용한 편이다. 그런데 올해엔 맨 앞자리에서 분주히 떠들던 남자아이가 있었다. 귀에는 검은색 귀걸이까지 한 그 아이의 이름은 현우였다. 2학년에서 이제 막 3학년이 된 터라 아직까지는 귀걸이를 하고 오는 아이들이 없었기에 유독 눈에 띄었다.

"너는 왜 귀걸이를 했니?"

"저는 연예인이에요. 그래서 하고 다녀요."

아이들 말에 의하면 현우는 어느 드라마에 출연했다고 하는데, 들으면 누구나 알 수 있는 꽤 알려진 드라마의 주연급 출연자였다.

그런데 현우는 아이들을 괴롭히거나 놀리는 등 장난이 무척 심해서 급우들과 자주 싸우곤 했다. 그리고 3월에 시행한 모의 진단평가에서 우리 반 아이들 중 유일하게 '학업 부진아'라는 결과가 나와서 나를 무척 놀라게 했다. 3월 한 달 동안 가르쳐 보았을 땐 진도를 따라오는 데 문제가 없다고 느꼈기 때문이었다.

'왜 학습부진아라는 결과가 나왔을까?'

이상했다. 왜 그런 결과가 나왔는지는 얼마 후에 알게 되었다. 집중할 수 있는 시간이 짧아 성적의 기복이 매우 심했던 것이다. 또한 집중하지 못하면서도 선생님의 설명 도중에 필요 없는 질문을 남발해서 다른 아이들에게 방해가 되기도 하였다.

두 마리 토끼는 잡기 힘들다

수학경시대회가 끝나고 채점을 해보니 맞는 것이 손에 꼽힐 정도로 점수가 좋지 않았다. 알림장에 결과를 적어 보내자 현우의 어머니는 깜짝 놀랐다면서, 집에서 수학문제를 풀 때는 잘 풀기에 걱정하지 않았는데 점수가 왜 이렇게 엉망인지 모르겠다는 편지를 주셨다.

현우의 수학경시 시험지를 보니 실수가 두 문제, 몰라서 못 푼 문제가 두 문제, 나머지는 계산이 정확하지 않아 틀린 문제들이었다. 역시 집중의 문제였다. 현우는 수학문제의 풀이과정을 알면서도 집중도가 떨어져 오답이 많이 나오니 방학 동안에 집중해서 문제를 푸는 훈련을 해야 한다는 내용을 알림장에 적어 보냈다.

그 후 국어시간에 이야기를 새롭게 꾸며 쓴 뒤 모둠별 역할극을 해볼 기회가 있었다. 현우가 속해 있는 모둠이 발표할 차례가 되자 호랑이 역할을 맡은 현우는 다른 아이들에 비해 목소리라든가 행동을 능숙하게 해냈다. 반 아이들은 현우의 익살스런 몸짓과 진짜 호랑이 같은 목소리에 깔깔깔 웃으며 매우 재미있다는 반응을 보였다. 또한 본인도 그 시간에는 초롱초롱한 눈으로 그 시간을 즐기고 있었다.

'현우에게는 저런 남다른 재능이 있었구나!'

현우는 연기하는 것을 매우 좋아하고 즐거워하지만, 현우의 부모님은 아이를 연기학원에 보내고 뒷바라지를 하면서도, 한편으로는 공부에 대한 기대를 버리지 못하고 두 마리 토끼를 잡고 싶어했다. 물론 공부도 잘하고 연기도 잘하면 얼마나 좋겠는가?

하지만 현우의 재능은 누가 봐도 남다른 연기 능력에 있었다. 그렇다면 그 재능을 키워주어야 하지 않을까? 공부를 못한다고 아이를 다그치기보다는 내 아이의 재능이 어디에 있는지, 아이가 무엇을 좋아하는지를 파악해서 성취감을 느낄 수 있는 일에 관심을 갖도록 도와주는 게 현명한 부모일 것이다.

저학년 때에는 부모님 말씀도 잘 듣고 말썽부리는 일이 없었는데
학년이 올라가면서부터는 대화를 하다가
아이가 짜증을 내며 입을 다물어버려서 힘들다는 부모님들이 많다.
이렇게 되는 것은 아이가 여러 가지 이유나 핑계를 대면서
점점 자기고집을 세우는데, 이럴 때 부모님들이
자녀가 반항한다고 생각해서 고집을 꺾으려 하기 때문이다.

7장

내 아이만의 문제일까요?
엄마가 묻고 선생님이 답하는 Q&A

아이는 어릴 때 엄하게 가르쳐야 하나,
아이가 무서워하는 일이 있어서는 안 된다.
· 《탈무드》 ·

 발표만 하려 하면 머릿속이 하얘진다고 합니다. 아이의 자신감을 기를 수 있는 방법을 알려주세요.

발표를 해야 할 때면 주저하고 자신 없어 하다가 슬그머니 제자리에 앉는 학생들이 있다. 사실 이런 학생들의 머릿속은 복잡하다. '무슨 말부터 할까? 틀리면 어떻게 하지? 아무 생각도 안 나!'와 같은 온갖 걱정이 앞서는 것이다.

이처럼 여러 사람이 모인 곳에서 발표하게 될 때 심하게 긴장하고 불안해하는 증상을 '사회불안'이라고 한다. 이러한 불안감을 이겨내고 자신감 있게 발표하도록 돕는 방법을 찾아야 한다.

첫째, 불안을 가라앉힐 수 있는 편안한 장면을 떠올려 본다. 가정이나 교실에 명화를 걸어 둔다면 그 그림을 감상하며 마음을 진정시킬 수 있다.

둘째, 잘 들으면서 질문한 내용을 이해해야 한다. 차례가 정해져 있는 발표라서 그 순서를 짐작할 수 있다면 말할 내용을 미리 메모하고 그것을 보면서 발표하면 된다. 그러면 내용을 빠뜨리지 않고 좀 더 편안하게 발표할 수 있다.

셋째, 일정한 형식의 말본을 준비하게 한다. 이를테면 "제가 생각할 때 이 문제의 요지는 ~이므로 ~라고 생각합니다"와 같은 말의 순서를 미리 준비하여 발표 시작과 함께 자연스럽게 이야기할 수 있도록 충분히 연습하게 하는 것이다. 말본대로 발표하다 보면 발표에 자신감이 생기고 듣는 사람들의 이목을 집중시킬 수도 있다.

넷째, 발표 목소리와 표정을 연습하는 것도 도움이 된다. 무엇보다 "나는 훌륭하다. 나는 잘할 수 있다"라고 거울 앞에서 자신에게 마법의 주문을 걸고, 가장 편한 상대에게 이야기하듯 목소리와 얼굴 표정을 다양하게 조절해가며 말할 내용을 연습하게 해야 한다.

다섯째, 독서나 체험활동을 통해 다방면에 걸쳐 배경지식을 쌓는 것이 좋다. 특히 교과와 관련된 장소를 방학기간 동안에 견학해보는 것은 아이의 발표력을 키우는 데 큰 도움이 된다. 전혀 모르는 내용에 대해서는 입을 다물기 마련이지만, 직접적이거나 간접적인 경험을 갖고 있다면 자신감이 생겨 발표하기가 한결 편안해질 것이다.

 **아이가 공부를 열심히 하는데도 성적이 안 오릅니다.** 무엇이 문제일까요?

아이가 오래도록 책상 앞에 앉아 공부하는 모습을 보여주었기 때문에 안심하고 기대도 했는데, 막상 시험을 보면 성적이 그대로이거나 오히려 낮아질 때 부모님들은 마음이 조급해지고 답답해지기 마련이다. 이런 아이들의 특징은 학원을 보내도 책상에 앉아 무슨 생각을 하는지 딴짓만 하다가 금방 일어나 돌아다니거나 장난을 치면서 공부를 하고 엉뚱한 질문에만 관심을 보인다. 한마디로 공부에 집중하지 못하는 것이다.

사람마다 집중하는 시간에는 차이가 있지만, 초등학교 저학년의 경우 한번 집중할 수 있는 시간이 약 10~20분 정도이고, 학년이 올라갈수록 집중할 수 있는 시간도 늘어난다. 따라서 공부에 집중할 수 있는 시간 이상으로 억지로 책상에 앉혀 두면 공부하는 것 자체를 지겨운 일로 받아들이게 된다.

공부에 집중하면서 효과적으로 공부하게 하려면 공부시간을 나누어서 활용하는 습관을 들여야 한다. 예를 들면 10분 동안 다섯 문제를 푼 다음 5분 동안은 놀게 하고, 이를 지키면 다시 10분 동안 다섯 문제를 푼 다음 5분 동안 놀게 한다. 그리고 아이가 하고 싶은 과목과 공부할 장소를 스스로 정하게 하되, 한번 정했으면 그 자리에서 오로지 공부에만 전념하도록 해야 한다. 또한 준비물도 미리 챙기게 하고 화장실도 다녀오게 하는 등 쉬는 시간을 효과적으로 활용함으로써 공부 도

중에 들락거리는 일이 없게 해야 한다.

　아이의 공부방 환경은 집중이 잘 되도록 여러 가지 요소를 고려해야
한다. 부드러운 느낌의 아이보리색 벽지, 햇빛을 가려줄 수 있는 커
튼, 이중 조명, 깔끔하고 단조로운 책상, 18~20℃ 정도의 공부방 온
도를 유지하면 좋다.

 **아이가 학습의욕도 없고 부모 말에도 귀를 기울
이지 않습니다.** 어떻게 훈육해야 할까요?

　어릴 때에는 이것저것 다하고도 더 하겠다고 하던 아이가 학년이 올
라가면서 의욕을 잃고 뭘 해도 시큰둥한 반응을 보일 때 부모 마음은
답답하고 당황스럽다. 하지만 아이가 공부를 해야겠다는 의욕이나 흥
미를 잃은 상태에서는 부모님이 어떤 좋은 말을 해도 소용이 없다. 이
럴 때는 학습에 대한 동기를 높이는 과정, 구체적으로 '동기 각성 → 목
표 설정 → 흥미 계발 → 자신감 키우기'의 과정을 밟으면서 공부에 대
한 의욕을 불러일으켜야 한다.

　부모가 성적을 나무라면서 공부를 강요하는 것은 오히려 역효과를

불러온다. 아이의 눈에 그런 부모는 자신의 마음이나 고민거리보다는 오로지 성적에만 관심이 있는 것으로 비춰져 오히려 의욕이 떨어지게 만든다.

이런 경우에는 아이와의 공감대를 형성하는 것이 우선이다. 따라서 공부와는 관계가 없는 이야기, 아이가 관심을 보이는 활동이나 좋아하는 분야에 관한 이야기를 나누며 아이의 마음을 알아주려는 노력을 해야 한다. 또한 아이 자신이 노력하여 경쟁에서 이길 수 있다면 자신감이 오르고 목표 설정에도 도움이 되므로 작은 것이라도 '나도 할 수 있다'는 성공감을 맛볼 수 있는 기회를 만들어주어야 한다.

 **서술형 평가의 비중이 높아진다는데 어떻게 준비해야 할까요?**

서술형 평가는 모든 일을 창의적으로 생각하고 하나의 주제에 대해 다양한 관점에서 바라보도록 하는 문제 형식이다. 학생이 알고 있는 지식을 총동원해 논리적으로 설명할 수 있어야 하는 것이다.

서술형 평가에 대비하기 위해서는 암기보다는 이해 위주의 학습을 해야 한다. 그리고 각 단원의 학습목표를 염두에 두고 공부하는 것이 좋다. 대부분 단원별로 학습목표를 제대로 성취했는지 알아보는 형태로 서술형 문제가 출제되기 때문이다. 또 한 가지 유의할 점은 서술형 평가는 학습요소별, 단계별로 채점이 이루어지기 때문에 잘 모르는 문제라고 하더라도 포기하지 않고 답할 수 있는 데까지 최선을 다해 답안을 작성하는 것이 유리하다.

과목별로는 이렇게 준비하는 것이 도움이 된다.

국어과 : 체계적이고 지속적인 독서, 일기쓰기가 중요하다. 평소에 다양한 주제에 대하여 깊이 생각하고 글을 써보거나 친구들과 여러 주제에 대해 대화하는 것이 효과적이다. 매일 접할 수 있는 신문과 방송의 다양한 내용에 대해서 비판적으로 분석해보는 것도 좋은 학습방법이다.

수학과 : 계산 기능을 측정하기보다는 종합적인 사고력과 문제해결력을 신장시키는 데 중점을 두고 있다. 따라서 수학적 개념이나 원리를 충분히 이해하고 이를 실생활에 응용하고 적용하는 학습방법이 필요하다.

사회과 : 일상생활에서 일어나는 여러 가지 사회 현상을 자신의 생활과 관련하여 생각하는 태도가 필요하다. 신문, 방송의 뉴스에 나오는 시사문제들에 대해 친구들이나 부모님과 토론하는 것도 좋은 방법이다. 배운 내용을 요약한다거나 배운 내용과 관련된 책을 찾아보는 것도 좋다. 역사, 지리, 위인, 경제 등에 대한 도서를 찾아 꾸준히 읽는 것

또한 사회 과목에 큰 도움이 된다.

과학과 : 단편적으로 과학지식을 많이 아는 것보다는 기본 개념을 정확하게 이해하는 것이 중요하다. 하나의 지식을 분명하게 알고 실생활과 관련지어 말할 수 있어야 한다. 그리고 과학적 지식과 흥미를 불러일으키는 과학도서를 꾸준히 읽는 것이 도움이 된다.

 **아이가 일기를 매번 미뤘다가 몰아서 씁니다. 일기쓰기 습관을 고칠 수 있는 좋은 방법이 있을까요?**

매일 저녁 일기를 쓰라고 하면 조금 더 있다가 쓴다며 미적거리고, 막상 쓰려면 쓸 게 없다고 불평하고, 그러다 졸음을 참으며 일기를 대충 적어가는 아이를 보노라면 대신해줄 수도 없고, 속이 뒤집어질 지경에 이른다는 부모님들이 많다. 일기를 쓰면 생각을 폭넓게 할 수 있고 자신의 생각이나 느낌을 조리 있게 표현하는 능력도 기를 수 있으며, 일기가 쌓이면 추억을 되돌아볼 수 있다는 장점이 있다. 이런 이유를 들어 설득하려 해도 여전히 일기쓰기를 어려워하는 아이들이 많다. 그

이유는 무엇일까?

첫째, 일기는 하루의 일과를 적어야 한다는 고정관념을 갖고 있기 때문이다. 하루 동안 한 일을 적어야 한다고 생각하기 때문에 내용이 매번 반복되어서 일기쓰기가 지겨워지는 것이다.

둘째, 일기를 의무적으로 해야 하는 숙제로 여기기 때문이다. 자신의 생각이나 느낌을 마음껏 표현하는 장이라고 생각하기보다는 매일 꼭 적어가야 하는 숙제라고 생각하기에 일기쓰기가 즐거울 리 없다.

일기쓰기에 대한 호감을 불러일으키기 위해서는 쓰는 내용(독서, 환경, 시사, 효행, 감상, 여행일기 등)이나 일기 형식(만화, 시, 편지, 마인드맵, 신문기사 오려붙이고 내 의견 쓰기, 전시회 입장권이나 작품 붙이고 쓰기 등)을 다양하게 안내하여 일기 쓰는 재미를 느낄 수 있게 해야 한다. 하루 일과를 꼼꼼하게 모두 적는 것보다는 한 가지 일(글감)에 대하여 자신의 생각과 느낌을 적도록 하는 것이 좋다.

그리고 자녀의 일기 내용 중에 못마땅한 내용이 있더라도 부모가 먼저 아는 체를 해서는 안 된다. 솔직하게 표현하지 않는 일기는 그 가치가 떨어진다는 것을 유념하자. 또한, 너무 늦은 시간에 일기를 쓰면 진심으로 쓰기가 어렵고 내용 면에서도 질이 떨어지므로 일기 쓰는 시간을 정해두는 것이 좋다.

 막내인 우리 아이, 마냥 귀엽게만 키운 탓에 학교생활을 잘할지 걱정이 됩니다. 학교에 가기 전, 가정에서 어떤 습관을 길러주어야 할까요?

① 스스로 정리정돈하는 습관 기르기

학급에는 당번활동이나 1인 1역, 자기물건 정리정돈을 소홀히 하는 아이들이 으레 있다. 그 아이의 책상 속이나 주변은 물건들이 삐져나와 있고 너저분하며 물건에 이름도 적혀 있지 않아 잃어버리는 것이 예사다. 자신이 자청한 1인 1역 활동도 처음에는 의욕적으로 나서지만, 얼마 안 가 곧 시들해진다. 그래서 꼭 지적해야 하거나 빈둥거리면서 시간만 끌다가 끝났다며 집에 가 버려서 다른 친구들이 그 아이의 일을 또다시 해야 하는 경우가 많다.

이러한 아이들의 문제는 기본 생활습관이 제대로 갖추어져 있지 않은 데 있다. 아직 초등학생이기 때문에 확실하게 습관화되도록 하나씩 목표습관을 정하고 스스로 점검하며 개선해 나가도록 도와주어야 한다. 가정에서도 아이 나이에 맞춰서 일정한 역할을 주어야 한다. 자기 방 청소는 물론 설거지 돕기, 폐휴지 버리기 등 집안 공동의 일 중에서 한 가지 이상을 맡아 꾸준히 해낼 때 학교와 사회에 나가서도 책임감 있고 성실한 사람으로 생활할 수 있다.

또한, 자신의 소지품을 가지런히 정리하는 버릇을 들여야 한다. 우선 모든 학용품에 이름을 써 붙이고, 학용품의 종류와 수를 일정한 개수로 정해주어야 한다. 가령, 필통 안에 연필의 개수가 많으면 한두 개쯤 잃어버려도 찾을 이유가 없고, 공책이 여러 권이면 일기를 이 공책 저 공책에 써서 제대로 된 일기장이 없게 된다. 책상과 가방에 어떤 물건들이 얼마나 들어 있으며, 어느 쪽에 정리되어 있는지를 알고 있는 아이가 공부든 놀이든 신나게 한다는 것을 기억하자.

② 공공장소에서의 질서와 예절 가르치기

선생님으로부터 빈번하게 지적받는 아이들은 대개 공공장소에서 질서나 예절에 어긋나는 행동을 자주 한다. 예를 들면, 박물관이나 체험관에 가면 호기심이 가는 곳으로 소란스럽게 뛰어다니고, 행동이 생각보다 앞서서 전시물을 만지거나 혼자 오래 차지하려 한다. 여럿이 함께 지하철을 기다리다가도 전철의 문이 열리는 순간 내리는 사람들 사이를 비집고 들어가 자리를 차지하고는 자랑스러워하기도 한다. 아이의 그런 행동은 이기주의적인 문화를 일찍 수용하고 모방한 것으로 우리 어른들의 모습을 되돌아보게 한다.

그런 행동이 옳지 않다는 것을 인식시켜주기 위해서는 부모의 역할이 중요하다. 아이가 이런 문제행동을 했을 때 "너를 이렇게 키운 엄마(아빠)가 잘못했구나"라고 아이에게 부끄러움을 고백한다면 효과적일 것이다. 이때 가장 중요한 것은 부모님이 먼저 공공장소에서의 예절을 본보기로 보여주어야 한다는 사실이다. 아이들은 어른들의 말이 아닌 행동을 보고 배운다. 아이의 문제행동이 습관화되었을 경우에는 시간이 좀 걸리더라도 '공공장소에서는 다른 사람을 배려하는 마음을 가져야 한다'는 것을 인내심을 갖고 일러주어야 한다. 그리고 줄 서는 바른 방법을 가르쳐야 한다. 지하철의 노란 선이 무엇을 의미하는지, 내리는 사람이 먼저 내린 다음에 타야 한다는 것을 설명하고 분명하게 알려줄 필요가 있다.

마지막으로, 습관은 나도 모르는 사이에 몸에 배는 것이므로 줄 서는 경험을 많이 시키는 것도 효과적이다. '차례를 지켜야 한다, 조용히 관람해야 한다'고 말로만 강조하면 그 효과가 적지만 행동하면서 배우면 실제 상황에서도 배운 대로 행동하게 된다.

자녀를 잘못된 길로 인도하는 10가지 방법

① 아주 어려서부터 자녀가 갖고 싶어하는 것은 무엇이든지 다 주어라. 그러면 그 아이는 세상의 모든 것이 다 자기 것이 될 수 있다고 오해하면서 자랄 것이다.

② 자녀가 나쁜 말을 쓸 때에도 그냥 웃어넘겨라. 그러면 자기가 재치 있는 줄 알고 더욱 못된 말과 그릇된 생각에 빠져들 것이다.

③ 도덕적인 교육과 훈련을 시키지 말고 제 마음대로 살도록 내버려두어라. 그러면 고상함은 사라지고 동물적 본능만 강렬하게 나타날 것이다.

④ 어리다는 이유로 잘못된 행실도 꾸짖지 말고 묵인하라. 그러면 자동차를 훔치고 교도소에 갇혀서 사회의 책망을 받게 될 것이다.

⑤ 자녀가 치우지 않는 잠자리, 책상, 옷 등을 부모가 정돈하라. 그러면 응당 자기가 할 일을 남에게 미루게 될 것이다.

⑥ TV 프로그램, 만화 혹은 영화를 마음껏 보도록 방관하라. 그러면 그 마음은 쓰레기통이 될 것이다.

⑦ 자녀들 앞에서 부모나 가족들이 자주 싸워라. 그러면 먼 훗날 가정이 깨어져도 눈 하나 깜짝하지 않을 것이다.

⑧ 용돈을 달라고 하는 만큼 얼마든지 주어라. 그러면 살아가는 동안 쉽게 부패되는 길을 터득할 것이다.

⑨ 먹고 마시고 입는 것을 원하는 대로 다 들어주어라. 그러면 한 번만 거절을 당해도 곧 낙담하여 극단적인 행동을 하게 될 것이다.

⑩ 자녀가 교사나 이웃 어른들과 반대되는 입장일 때에는 항상 자녀의 편이 되어주어라. 그러면 그는 곧 사회와 도덕성에 반대되는 길로 가게 될 것이다.

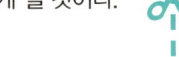

_ '미국 텍사스 주 휴스턴 경찰국 발표문' 중에서

 우리 아이는 주의가 산만하고 쉽게 흥분하며 걸핏하면 떼를 씁니다. 어떻게 해야 할까요?

공부를 시작한 지 5분도 채 되지 않아 딴생각을 하고, 텔레비전을 볼 때도 채널을 이리저리 돌리기만 하다 끝까지 시청하지 못하고 자리를 뜨는 아이들이 있다. 학교에서는 공부시간에 작은 소리에도 쉽게

216

주의가 흐트러지고, 친구가 하는 조그만 언행에도 자신을 놀리는 것이라고 민감하게 받아들여 반드시 보복을 하고, 그것을 말릴 경우 큰소리로 울거나 소리를 지르는 아이들이 있다. 바로 주의가 산만하고 충동적인 아이들이다.

이러한 행동의 원인은 아이의 타고난 기질일 수도 있고, 양육태도나 생활환경 탓일 수도 있다. 만약 양육태도나 생활환경이 주원인이라면 몇 가지 생활습관을 개선하는 것만으로도 집중력을 길러줄 수 있다.

예를 들면 한 번에 한 가지씩만 하게 한다. 심부름을 하든, 음식을 먹든 한 가지씩 순차적으로 하게 하는 것이다. 컴퓨터게임은 시간을 정해서 하게 하고 주변 환경을 안정되게 만들어주어야 한다. 칭찬을 할 때에도 특별한 기술이 필요하다. 성공한 결과보다는 과정을 칭찬하는 것이 좋고, 산만하지 않은 행동을 했을 때에는 칭찬하면서 부모가 일관성을 유지하는 것이 좋다.

아이의 타고난 기질에서 **ADHD**(주의력결핍 및 과잉행동장애)가 의심된다면 전문기관(소아정신과, 상담센터)에 가서 심리검사 등 다양한 검사를 통하여 아이의 정확한 상태를 파악해야 한다. 그리고 나서 검사 결과에 따라 아이가 좀 더 나아질 수 있는 다양한 방법을 전문가 혹은 담임선생님과 모색해 보아야 한다. **ADHD**는 가장 흔한 아동기 장애의 하나로 초등학교 교실에서 1~3명 정도의 높은 발생률을 보인다. 보통 여자아이보다는 남자아이에게서 더 많이 나타난다고 알려져 있다.

 아이가 요즘 부쩍 공격적이고 거친 언행을 합니
다. 나쁜 버릇을 고칠 수 있는 좋은 방법이 있을
까요?

초등학교 시기는 학교나 학원에서 친구들과 함께 지내는 시간이 많
아지면서 또래의 영향력이 부모들이 생각하는 이상으로 커지기 시작
한다. 저학년에서 고학년으로 갈수록 집단 소속감이 강해지고 공동체
의식이 발달하면서 또래로부터 인정을 받으려는 욕구가 강해진다. 이
과정에서 부정적이거나 공격적인 언어, 욕설을 분별없이 흉내 내고 따
라하면서 친구 사이에 동질감을 확인하기도 한다.

다행히 부정적인 언어습관이 일과성(一過性)에 그칠 수도 있지만 아
이 곁에서 누군가가 지속적으로 부정적 언행의 본을 보이고 있거나 억
압을 받은 후 마음에 상처를 입어 그 영향으로 부정적 언어습관이 형
성된 경우에는 그 원인을 찾아 제거해야 한다.

상대방을 인정, 칭찬, 격려하는 긍정적인 말은 서로에 대한 존중감
을 높일 뿐만 아니라 발전적인 인간관계를 맺게 한다. 하지만 상대방
을 비하하거나 비난하고 억압하는 부정적인 말은 인간관계를 더욱 악
화시킨다. 이런 사실을 아이에게 이해시켜 온 가족이 함께 의식적으로

긍정적인 언어를 연습하고 사용하다 보면 부정적인 언어습관은 사라지게 될 것이다.

언어학자들에 의하면 어린아이에게는 일종의 언어습득장치^{LAD,} _{Language Aquisition Device}가 있어서 지속적으로 일정 언어환경에 노출되면 자동적으로 그 언어의 체계를 습득하여 말을 생성하게 된다고 한다. 그러므로 아이가 상대방을 존중하고 배려하는 말을 사용하고 부정적인 언어에 노출되지 않도록 부모가 지속적인 노력을 기울여야 한다.

 **상위 학년으로 올라가면서 아이와 대화가 제대로 안 됩니다. 어떻게 해야 할까요?**

아이가 크면 부모와 말이 더 잘 통할 거라고 생각들 하지만 오히려 의사소통이 원활하지 못하고 부딪히는 경우가 많다. 저학년 때에는 부모님 말씀도 잘 듣고 말썽부리는 일이 없었는데 학년이 올라가면서부터는 대화를 하다가 아이가 짜증을 내며 입을 다물어버려서 힘들다는 부모님들이 많다. 이렇게 되는 것은 아이가 여러 가지 이유나 핑계를 대면서 점점 자기고집을 세우는데, 이럴 때 부모님들이 자녀가 반항한

다고 생각해서 고집을 꺾으려 하기 때문이다.

그런데 이런 때일수록 부모님들은 한걸음 물러나서 아동의 발달과정과 특성에 대해 공부해야 한다. 어린 자녀가 반항한다고 생각하기 전에 '우리 아이가 많이 자라서 이제 스스로 독립하고자 하는 의지를 나타내고 있구나'라고 생각하라는 것이다. 부모에게 모든 것을 의존하는 단계에서 벗어나 자아가 확립되고 독립하고자 하는 의지가 강해지고 있다고 보면 된다.

아이가 자라서 학년이 올라갈수록 마음에 상처를 주지 않는 방법, 관계가 악화되지 않도록 대화하는 방법을 찾아야 한다. 자녀와 끝까지 대화를 잘하기 위해서는 다음의 세 가지 원리를 유념해야 한다.

첫째, 경청의 원리는 말하는 사람의 눈을 바라보고, 전달하고자 하는 요점을 빠뜨리지 않으며 적극적으로 주의 깊게 듣는 것이다.

둘째, 공감의 원리는 말하는 이의 감정을 정확히 파악하여 함께 느껴주는 것이다.

셋째, 반영의 원리는 마치 거울처럼 상대방의 감정 상태를 되비쳐주는 것이다. 아이와 대화를 할 때 열 마디 중 여덟 마디는 아이의 기분을 살피고 이해하며 공감하는 말을 하고, 나머지 두 마디는 꼭 전하고 싶은 내용을 이야기하자. 그러면 아이는 거부감 없이 그것을 자연스럽게 받아들이게 된다. 부모님들은 언제나 문제를 해결하는 것이 우선이라고 생각하지만, 정작 자녀는 자신의 이야기에 공감해줄 상대를 원하고 있다. 따라서 아이의 마음을 알아주는 공감 대화법으로 이야기를 나누다 보면 백 번의 잔소리를 하는 것보다 훨씬 더 효과가 있을 것이다.

 **단짝 친구가 다른 아이와 더 친하게 지낸다고**
속상해 합니다. 어떻게 도와주어야 할까요?

친하게 지내던 단짝 친구가 다른 아이와 더 친하게 지내면, 서운한 마음이 드는 것은 인지상정이다. 특별히 잘못한 것이 없고 오해할 만한 일도 없었는데 갑작스럽게 바뀐 단짝 친구의 행동을 맞닥뜨리면 무척 당황스럽고 배신감마저 느낄 수 있다. 그럴 때에는 먼저 친구와 멀어진 원인을 찾아보아야 한다.

아이 입장에서는 대수롭지 않은데 그 친구 입장에서는 서운하거나 기분이 나쁠 수 있는 어떤 상황을 떠올려보게 하고, 아이가 어떤 말투로 어떤 행동을 했는지를 돌이켜보게 한다. 이럴 때에는 단짝 친구와의 관계를 예전처럼 회복하고 싶다는 마음을 담아 편지를 쓰게 하는 것도 좋다. 조금이라도 잘못한 점이 있다면 진심으로 사과하는 것도 효과적이다. 먼저 말을 걸고 자기 마음을 표현하는 것은 용기 있는 사람만이 할 수 있다는 것을 얘기해줘라. 어쩌면 그 친구 역시 아이와 같은 마음을 갖고 있으면서도 쑥스러워서 또는 자존심 때문에 용기를 내지 못했을 수도 있다고 말이다.

 그룹활동을 할 때 친구들과 잘 어울리지 못합니다. 아이가 왜 그런 걸까요?

그룹활동을 하면서 서로 협동하는 마음을 배우기도 하지만, 맡은 역할을 소홀히 하거나 방해하는 행동을 하여 친구들의 원망을 사는 경우도 있다. 이런 친구들은 대개 자기 자신에게 쏟아지는 비난에 대해 먼저 방어적인 태도를 취한다. 자기 자신이 한 말이나 행동에서 잘못된 것이 없었는지를 반성하기보다는 모둠활동을 포기하거나 모둠 내 다른 친구에게 책임을 전가하기도 하는 것이다. 이런 악순환이 반복되지 않고 모둠 구성원 간의 친밀도를 높이려면 어떻게 해야 할까?

친구들 간에 서로 의견이 다를 수 있지만, 그것으로 인해 서로에게 상처를 준다면 속이 상할 뿐만 아니라 학교생활이 꺼려지게 될 것이다. 아이가 자신의 생각, 자신의 결정만을 고집하거나 강요하는 성격이라면, 각자 지닌 능력을 인정하고 아껴주어야 한다는 것과 친구 간에도 서로를 존중해주어야 한다는 것을 알려주자. 그리고 잘못을 했을 때에는 먼저 사과하게 함으로써 친구와의 관계를 자연스럽게 유지할 수 있도록 도와주자.

 **아이가 학교에서 친구들과 원만하지 못한 것 같아요. 아이에게 어떤 이야기를 들려주어야 할까요?**

누구나 타인에게 인정받고 싶어한다. 그것은 아이들도 마찬가지다. 특히 또래 아이들과의 관계가 중요한 초등학교 시기에는 친구들에게 인기가 많은 아이를 부러워하기 마련이다. 하지만 그러한 바람만 가지고는 친구들과의 관계가 좋아질 수 없다. 그러한 소망을 현실화하려면 나름의 노력이 있어야 한다.

우선은 친구들에게 친절과 호의를 베푸는 습관을 길러야 한다. 사람들은 자신에게 친절하고 호의를 보이는 사람에게 우호적이고 자신이 받은 만큼 상대방에게 잘해주고 싶은 마음이 있기 때문이다.

그런 후에는 무엇이든 열심히 하는 모습을 보여주는 것이 좋다. 학생으로서 공부든 운동이든 친구를 돕든 자기가 맡은 일에 적극적이고 최선을 다하는 모습은 상대방에게 믿음을 주게 된다. 또한, 친구들의 작은 잘못이나 실수를 이해하고 용서하는 마음과 태도를 가져야 한다. 쉽게 흥분하거나 작은 일에도 화를 자주 내는 친구라면 가까이 다가가기가 꺼려질 것이다. 그러니 너그럽고 여유 있는 마음으로 친구를 대하는 것은 매우 중요하다.

좋아하는 운동이나 취미활동을 친구들과 함께하는 것도 효과적이다. 수줍음이 많고 내성적인 성격인 경우, 상대방이 어떻게 생각할까를 미리 걱정하느라 친구에게 쉽게 다가가지 못할 수 있는데, 취미생활을 통해 같은 관심사를 공유하게 되면 정서적으로 한결 가까워진다.

마지막으로 꼭 기억해야 할 것은 행동하기에 앞서 상대방 입장에서 생각해보아야 한다는 것이다. '네가 하는 행동을 친구가 너에게 하면 어떨 것 같니?', '다른 친구가 네 물건을 보고 싶다고 마음대로 가져가면 기분이 어떻겠니?' 등의 질문을 해본다면 친구의 마음을 이해하기도 쉽고 친구와 잘 지내는 데도 도움이 될 것이다.

 **아이가 친구들과 자주 다투고 돌아옵니다.** 아이를 어떻게 훈육해야 할까요?

학교에서 돌아오는 아이의 표정에 억울함과 분함이 가득하다면 무슨 일인지 걱정이 되기 마련이다. 어쩌다 한 번 그러는 것이 아니라 친구와 다투고 감정을 폭발하는 횟수가 잦다면 시간이 좀 걸리더라도 말이나 감정을 스스로 통제할 수 있는 훈련을 꾸준히 시켜야 한다.

학교에서 아이들 개인 간의 다툼은 사소한 일에서 시작된다. 자신이 상대방보다 우월하다면서 상대를 무시하는 경우, 허락 없이 마음대로 남의 물건을 만지고 사용하는 경우, 놀리거나 욕을 하는 경우, 그림 그리고 있는 것을 툭 쳐서 망가뜨려 놓고 사과하지 않는 경우 등 학교에서는 다양한 상황이 벌어지지만, 아이들은 자신의 잘못을 잘 깨닫지 못한다. 다툼이 왜 시작되었는지 제대로 기억하지 못할 때도 많다. 오로지 자신이 피해를 입은 사실만 기억하는 것이다.

그럴 때 선생님들은 두 아이를 따로 불러 일의 선후관계를 따져본다. 자기 자신이 한 말, 상대방이 한 말, 그 전에 내가 한 말, 바로 그 전에 상대방이 한 말이 각각 무엇인지를 역추적하다 보면 다툼이 생긴 이유를 알 수 있다. 그 과정에서 아이들은 자신의 어떤 말이나 감정이 다툼을 일으키는지를 깨닫게 된다. 일어날 수 있는 상황을 예로 들어주면서 '이럴 때에는 이렇게 말하는 거야'라고 문제를 해결할 수 있는 방법을 알려주는 것도 현명한 방법이다.

또 다른 예로, 아이가 특정한 한두 명과 자주 다툰다면 그 아이들과 새로운 관계를 만들어줄 필요가 있다. 먼저, 상대편 부모와 진솔하게 대화를 하여 그 필요성에 대해 공감대를 형성해야 한다. 다음으로는 두 어린이가 긍정적이고 좋은 경험을 할 수 있도록 도와주어야 한다. 예를 들어, 부모님의 허락하에 친구를 집으로 초대하여 레고로 기차 만들기, 퍼즐조각 맞추기 등 협동하여 뭔가를 성취하는 작업을 통해 기쁨을 맛보게 한 후 맛있는 간식을 나누어 먹는 경험을 하게 하는 것이다.

 **아이가 책을 잘 안 읽습니다.** 어떻게 해야 책을 좋아하게 될까요?

책은 누군가가 강요해서가 아니라 아이 스스로 찾아서 즐겁게 읽는 것이 가장 좋다. 의무감이나 책임감으로 독서를 한다면 참된 기쁨을 맛볼 수 없다.

책읽기가 어떤 놀이보다 더 즐거워지려면 책과 사귀며 얻는 참된 기쁨, '앎의 희열'을 지속적으로 체험해야 한다. 때로는 책 속의 주인공이 되어 공상의 세계에도 가보고, 주인공처럼 느끼면서 어려운 난관을 헤쳐나가려고 깊이 고민도 해보아야 한다. 이렇게 즐겁게 책을 읽는 단계에 이르게 하기 위해서는 처음부터 책 읽기를 강요해서는 안 된다. 부모님이 먼저 컴퓨터나 텔레비전을 보는 대신 독서를 하면서 분위기를 조성해야 한다. 독서하는 부모님의 모습은 아이의 머릿속에 잠재적인 여운을 남긴다. 또한 아직 나이가 어리다면 잠자리에서 아이가 잠이 들기 전에 책을 읽어주는 방법이 무척 효과적이다. 수면학습 효과가 있어서 아이의 무의식 속에 책 내용이 깊이 각인되기 때문이다.

또한 독서 흥미 발달단계를 고려하여 책의 종류와 읽는 방법을 달리하여 적용하는 것이 좋다.

책을 읽기 전에 책표지나 목차를 살펴보는 것은 책에 대한 흥미를 갖게 하고, 그림을 보며 책의 내용을 상상할 수 있다는 점에서 매우 유용하다. 책을 읽을 때에는 스스로 의문을 가지고 묻고 답하며 읽는 습관을 길러주어야 한다. 그러면 책의 내용을 더 잘 이해하고 집중하여 읽을 수 있다. 그리고 독서체험의 가치를 생활 속에서 느낄 수 있도록 하는 것이 좋다. 자녀와 대화할 때 책에서 본 내용이나 단어를 활용하는

나이대에 맞는 도서 장르

6~7세 : 자연, 동화, 삽화가 많이 있는 책
8세 : 동화, 사실적인 이야기
9세 : 실생활 이야기, 자신에 대한 책
10세 : 여행에 관한 책, 다른 나라 이야기, 전설, 신화
11세 : 모험과 미스터리, 학교생활
12세 : 전기, 역사, 모험, 학교생활, 성인 소설

것도 좋고, 자녀가 말한 내용을 읽은 책의 내용과 연관지어 말하면 독서를 통한 부모자녀 간의 공감대가 형성되고 독서 동기도 강화된다.

 **아이가 공부를 할 때 집중을 하지 못합니다.** 어떻게 해야 집중력도 키우고 성적도 올릴 수 있을까요?

일반적으로 '주의집중력'이란 주어진 시간 내에 과제를 완성하기 위해 의식을 집중하는 것을 말한다. 아이들은 대개 게임을 하거나 TV를 볼 때는 집중을 잘하면서도 공부를 하거나 독서를 할 때는 집중력이 떨어지곤 한다.

아이가 공부를 할 때 부쩍 집중을 못한다면 정말 집중 문제 때문에 성적이 떨어지는 것인지, 아니면 이해력 부족 때문에 성적이 떨어지는 것인지를 체크해야 한다. 그러기 위해서는 집에서 문제를 풀 때 학교에서 시험을 보듯 주어진 문제를 시간 안에 풀게 한 후 부모님은 그 과정에 개입하지 말고 결과만을 지켜보아야 한다. 아이들이 문제를 푸는 과정에서 문제를 잘못 이해하거나 풀이과정에서 실수를 한 문항이 많다면 그것이야말로 집중의 문제이다.

이런 경우에는 과제를 작은 단위로 나누어서 짧은 시간에 주의를 집중하여 문제를 푸는 연습을 반복하게 하자. 무언가에 집중해 성취하는 기쁨을 느끼다 보면 자기주도적인 학습능력도 기를 수 있을 뿐만 아니라 집중력도 높아진다. 하지만 이와 반대로 집중의 문제가 아닌 이해력, 계산력, 응용력 부족의 문제라면 그 부분의 보충을 위해 별도의 학습지도를 해야 한다.

이 같은 집중의 문제는 학업성취는 물론 생활태도와도 직결된다. 따라서 아이의 집중도를 높이려면 집안 내 환경적인 부분에도 관심을 기울여야 한다. 가령, 아이들을 산만하게 만드는 컴퓨터, TV, 휴대전화 등은 일정 시간에는 사용을 제한하는 규칙을 정하고, 아이들이 공부를 하기로 한 1시간여의 짧은 시간에는 부모 역시 간식을 가져다준다든지, 다른 심부름을 시키는 등의 자극을 최소화해야 한다.

집중력은 훈련으로 향상될 수 있다. 평화로운 이미지를 상상하며 명상을 하거나 복식호흡을 함으로써 마음을 안정시키는 것이 좋고, 손뼉을 치거나 신체 마사지를 함으로써 뇌의 기능을 활성화시키는 방법도 효과적이다.

 **아이가 컴퓨터 중독에 빠진 것 같습니다.** 어떻게 해야 컴퓨터 사용 빈도를 줄일 수 있을까요?

컴퓨터를 올바르게 사용하는 방법을 익히는 것은 어른들에게도 어려운 일이다. 그만큼 아이들에겐 쉽지 않은 일이다.

아이의 컴퓨터 사용시간이 길어져 걱정된다면 아이들에게 잔소리를 하는 대신 일주일 동안 컴퓨터를 사용한 시간을 일지로 기록해보게 하자. 그러고 나서 우리에게 주어진 24시간×7일=168시간을 어떻게 사용했는지를 부모님과 함께 점검해보자.

이때 잠자기, 먹기, 공부, 친구들과 놀기, 컴퓨터를 사용한 시간 등의 비중을 함께 점검한 후 이대로 한 달, 1년, 10년이 지난 후에는 자신이 어떤 모습일지를 상상하게 하자.

이 과정에서 아이 스스로 컴퓨터 사용시간을 줄여야겠다고 말한다면 이제부터 시작이다. 사실, 어떤 방법으로건 아이 스스로 '내가 컴퓨터를 너무 오래하고 있구나'라는 생각이 들게 하는 것이 초점이다.

이제 다음 단계는 아이 스스로 한 주씩 사용시간에 대한 목표를 설정하고 점검할 수 있는 체크리스트를 활용하게 하는 것이다. 자신의

사용시간을 기록하고 계획에 따라 사용했는지 여부를 점검하는 자기
조절(외부조건이나 상황에 의해서 행동을 통제하는 것이 아니라 자신이 스스로 자
신의 행동을 통제하는 것으로, 크게 자기목표 설정, 자기관찰, 자기평가, 자기강화
의 4가지 과정을 거친다)을 하는 것만으로도 큰 효과가 있다.

경우에 따라서는 목표달성 여부에 따라 아이들이 좋아하는 음식이
나 물건을 사주는 등의 강화를 주는 것도 좋다. 하지만 외적 보상은
점차 횟수를 줄이고 아이 스스로 시간의 가치를 깨닫게 해야 한다.

부모님의 이러한 노력에도 아이들의 행동 변화가 일어나지 않는다
면 한국정보문화진흥원 홈페이지(http://www.iapc.or.kr)에 첨부되어 있는
'인터넷 중독 진단검사'를 통해 아이의 상태를 파악한 후 전문가와 상
담을 해보자.

 요즘 아이가 대화를 기피합니다. 대체 무엇이
문제일까요?

가장 먼저 할 일은 가정 내의 의사소통 방법을 점검하는 것이다. 평
온하고 안정적인 어투로 이야기할 때보다 짜증 섞이거나 울음 가득한

목소리에 더 빨리 반응하지는 않는가? 그렇다면 처음에는 아무 생각 없이 고집을 부리다가 부모님의 대응 양식에 적응하게 된 결과일 수 있다.

또는 아이의 스트레스 정도를 점검하자. 아이가 받는 스트레스는 어른들이 생각하는 수준보다 훨씬 더 높을 수 있다. 과중한 학업부담과 친구관계, 외모에 대한 부분까지 다양한 부분에서 심각한 스트레스를 받는 상황이라면 어느 한 부분이라도 전적으로 이해하고 수용해줄 대상이 필요하다. 다시 말해 무조건적이고 긍정적인 수용을 받고 싶은 마음이 생긴다는 말이다. 하지만 그게 잘 되지 않으면 정말 짜증이 날 수 있다.

가족들이 건강하게 스트레스를 해소하고 윈윈win-win할 수 있는 방법을 찾아보자. 가족들이 함께하는 단 하루의 가족여행, 재미있는 영화 관람, 푹 늘어지는 낮잠, 가족과 함께하는 가벼운 산책이나 배드민턴 등의 취미활동도 좋은 방법이 될 수 있다.

그럼 이제 이미 울거나 짜증부리는 것이 습관화된 아이와 관계를 개선하려면 무엇부터 시작해야 할까?

첫째, 아이의 행동 및 대화 패턴을 일정 기간 관찰해보자. 일주일 정도 관찰해보면 아이들의 행동주기나 특정한 감정패턴을 찾을 수 있다.

둘째, 관찰 결과를 바탕으로 아이가 그런 행동을 하는 특정한 원인이 있는지를 확인해보자.

셋째, 새로운 대화 규칙과 강화(칭찬거리)내용을 결정하자. 이런 경우에는 부모님의 단호하고 합리적인 결단력이 필요하다. 작은 사건에서 부터 울지 않고 자신의 의견을 잘 이야기하는 경우에는 아이와 함께 결정한 강화를 제공하는 것이다. 그리고 아이가 쉽게 약속을 어기는 경우에는 부모님이 의견을 들어주지 않는 이유를 차근차근 논리적으로 설명하고 어떤 방법으로 이야기를 해야 부모가 말을 들어주는지를 직접 알려주자.

넷째, 아이 스스로 자신의 행동을 모니터링할 수 있도록 행동방법을 가르쳐주자. 흥분되는 일이 생길 때 잠시 행동과 생각을 멈추고 깊은 호흡을 세 번 한 후에 10까지 차례로 숫자를 세게 하는 것이다. 그러고 나서 이야기를 해보는 연습을 해보자.

마지막으로, 울면서 이야기하는 모습과 상냥하게 이야기하는 모습을 거울로 바라보며 그에 대한 아이의 생각과 부모님의 생각을 서로 말해보는 것도 효과적이다.

 맞벌이 부부인 탓에 아이를 할머니, 할아버지가 돌보고 있습니다. 그런데 요즘 부쩍 부모의 말을 안 들어서 걱정입니다. 이런 경우 어떻게 해야 할까요?

부모님이 맞벌이를 하는 대신 외벌이를 선택할 수 있는 상황이라면 가능한 한 직접 돌보는 게 아이의 정서에 도움이 된다. 물론, 경제적인 문제를 감안해야겠지만 돈을 버는 것과 아이를 양육하는 문제의 중요도를 따져본다면 양육에 더 집중하는 것이 바람직한 일일 것이다.

만약 그것이 불가능하다면 해결되지 않는 상황에 대한 미련과 미안함 대신 당당함으로 대하자. 우선 아이에게 부모님이 모두 나가서 일을 해야 하는 상황에 대해 적정 수준까지 설명해주자. 그리고 부모가 일을 함으로써 자녀가 누리고 있는 혜택에 대해서도 이야기하자.

부모의 노력으로 지금 집에 살 수 있고, 음식을 먹을 수 있고, 학용품을 살 수 있다는 사실을 설명해주는 것이다. 앞으로 부모님의 기대와 포부, 가정의 경제적인 목표, 부모님의 꿈도 함께 공유하자. 아이가 그 가치를 알고 더 일찍 철이 들거나 더 열심히 공부하는 계기가 될 수도 있다.

아이를 조부모님께서 돌보고 있다면 아이들의 눈높이와 아이들의 요구에 부응할 수 있는 다른 자원을 활용하는 것도 한 방법이다. 예를 들면 공부방 선생님, 아이돌보미 서비스(0세~만 12세 아동을 대상으로 정부지원에 따라 시간당 1,000원~5,000원의 비용으로 서비스(www.idolbom.or.kr)를 이용할 수 있다)를 함께 활용한다면 조부모님과 아이의 스트레스를 한결 덜어낼 수 있다.

 **우리 아이는 사교육을 전혀 시키지 않고 있습니다. 가끔씩 다른 아이들에 비해 뒤처지지 않을까 걱정이 됩니다. 괜찮을까요?**

모든 아이들이 학원을 다니거나 과외를 하지는 않는다. 또 학원을 많이 다니며 과외를 받는 아이들이 모두 성적이 우수한 것도 아니다. 어떤 아이는 다섯 군데 이상의 학원을 다니면서도 학습부진을 면하지 못한다. 문제는 어디에서 얼마를 주고 공부하는지가 아니라 '어떻게 공부하는지'에 있다. 즉 학습방법과 학습내용의 질이 아이의 학습 성취도를 좌우한다는 말이다.

학교 수업과 교과서 위주의 공부를 자기주도적으로 하는 태도가 학습성취도 향상의 가장 큰 비결이다. 학원이나 과외를 알아보는 데 들이는 노력을, 뒤처지지 않을까 하는 걱정을, 아이의 공부습관 형성에 대한 노력으로 돌려보기를 권한다.

이를테면, 학교 진도에 맞춰 교과서를 한 번 읽으며 예습하기, 공부 시간에 집중해서 듣고 공책 정리하기, 방과 후에는 교과서와 공책 내용으로 복습하고 암기하기, 학교 숙제를 인터넷과 전과를 참고하여 스스로 해결하기, 학교에서 수시로 나눠주는 학습지나 활동지를 풀고 복습하기 등을 꾸준히 하는 것만으로도 학습성취도가 향상될 수 있다. 또 이러한 활동들에 대한 체크리스트를 아이와 함께 만들고 꾸준히 실천해 나가는 것이 자기주도적 학습태도 형성에 도움이 된다. 초등학교에서의 이러한 습관은 중고등학교에 가서도 쭉 이어질 것이고 부모님이 관리해주지 않아도 스스로 학습하는 아이로 성장하게 된다. 단, 아이의 이러한 활동에 탄력을 주려면 무조건 강요하지 말고 적절한 보상(음식, 가지고 싶은 물건, 놀이동산 등의 체험, 여행 등)을 해주어야 한다.

 **성실하게 공부하는 편인데도 성적이 오르지 않는 이유는 무엇일까요?**

노력만큼 성적이 오르지 않는다면 비생산적인 학습태도가 원인일 수 있다. 예를 들어 '완벽하게 해야 한다', '빨리 하자', '남에게 자랑하자', '약점을 보이지 말자'와 같은 경직된 사고 때문에 공부를 할 때 집중력을 잃을 수 있다.

공부를 할 때 처음부터 끝까지 빠뜨리지 않고 완벽하게 공부를 하는 데 집중한다면, 시간은 많이 드는 반면 공부한 내용은 얼마 되지 않아서 더욱 불안해진다. 그리고 공부를 빨리 해야 한다는 생각은 실천보다는 마음을 앞서게 해서 창의적인 사고를 가로막을 수 있다. 또한 남에게 자랑하기 위해 하는 공부, 특히 부모님이나 선생님에게 인정받기 위해서 하는 공부는 교과 내용에 대한 흥미를 불러일으키지 못할 뿐더러 오래 남지도 않는다. 또, 약점을 보이지 않으려는 마음가짐으로 공부를 하면 자신이 잘 이해하지 못하는 문제에 대해서는 자꾸 아는 척하며 감추려고 하다 보니 발전이 없게 된다.

이 같은 경직된 사고에서 벗어나 보다 발전적인 생각과 태도를 가질 수 있도록 부모님이 도와주어야 한다. 하지만 아이가 습관을 바꾼다고 해서 당장 성적이 오르는 것은 아니므로 부모님은 인내심을 갖고 더 기다려주고 믿어주고 지원해주고 격려해주어야 한다.

 **확실하게 알던 문제도 시험에서 틀리곤 합니다.**
도대체 무엇이 문제일까요?

다 아는 내용인데 시험 시간에 생각이 안 난다면 '시험 불안'이 원인일 수 있다. 시험 불안이란 결과에 대한 불안 때문에 시험을 볼 때 자기

실력을 충분히 발휘하지 못하는 것을 말한다. 공부한 내용도 전혀 기억이 안 나고, 아주 쉬운 문제도 풀이 방법이 떠오르지 않아 막막하다고 호소하는 경우가 종종 있다.

이런 경우 시험에 대한 아이의 태도를 곰곰이 살펴보아야 한다. 시험 불안에 시달리는 아이들은 시험을 치르는 동안 성적이나 결과에 대한 걱정 때문에 집중력이 떨어지게 마련이다. 아이가 시험을 볼 때 '배짱'을 갖도록 마음을 풀어주자. '학교에서 보는 시험에 인생의 승패가 달려 있는 것은 아니다'라는 것을 인식시켜 시험 불안을 완화시켜줘야 한다.

또한, 부모 스스로 아이에게 시험 결과에 대한 압박감을 심어준 것은 아닌지 돌아보자. 시험을 볼 때마다 '잘해야 한다'고 강조하다 보면 오히려 아이는 시험을 망치게 된다.

 **사춘기가 왔는지 아이가 걸핏하면 짜증을 냅니다. 어떻게 대처해야 할까요?**

아이들이 고학년이 되면서 저학년 때보다 전반적으로 예민해지는 것

은 사실이다. 사춘기에 접어든 아이들은 성적, 동성 친구, 이성 친구, 학업과제의 과중 등으로 학교에서 엄청난 스트레스를 받는다. 그것은 어른들이 직장에서 스트레스를 받는 것과 마찬가지다. 직장에서 돌아와 가족들이 마음을 알아주기를 바라는 것처럼, 아이들 역시 학교라는 공간을 벗어나 집으로 돌아가면 마음의 짐을 내려놓고 싶어한다.

또, 학교에서 쌓인 스트레스를 풀기 위해서 형제자매나 부모님에게 자신의 감정을 쏟아내지만 그것이 받아들여지지 않는 경우 짜증으로 표출하게 된다. 따라서 아이들이 자신의 감정을 어느 정도 자제하는 훈련도 필요하지만 그렇게 담아둔 감정을 효율적으로 풀어내는 연습도 상당히 중요하다.

가정에서 부모님이 해야 할 일은 '우리 아이만 왜 그럴까'가 아니라 아이가 성장해가는 과정이라고 생각하고, 아이의 마음과 생각에 귀를 기울이고 공감하며 들어주는 것이다. 아이가 격렬한 감정의 반응을 보일 때에는 그 격렬한 감정 이면에 '이해받고 싶다'는 욕구가 숨어있음을 눈치채야 한다.

아이의 이야기를 신중하게 들어주고 "그래, 그랬구나.", "속상했겠네.", "힘들었겠다.", "네 마음은 어땠니?", "그 친구의 마음은 어땠을까?" 등의 반응으로 아이가 자신의 감정을 확인하도록 도움을 주는 것이 좋다. 이때 충고를 하는 것은 오히려 아이와의 대화를 단절시킬 수 있음을 유념하자.

엄마들은 절대 모르는
초등교실 속
아이들

초판 1쇄 인쇄 2011년 8월   9일
초판 1쇄 발행 2011년 8월 12일

지은이 서울초등상담연구회
펴낸이 김옥희
펴낸곳 아주좋은날
기획편집 이미숙, 김은영
디자인 안은정
마케팅 최현욱, 조유정

출판등록 2004년 8월 5일 제16-3393호
주소 서울시 강남구 역삼동 679-5 아주빌딩 501호
전화 (02) 557-2031
팩스 (02) 557-2032
홈페이지 www.appletreetales.com

ISBN 978-89-91667-96-9 13370

아주좋은날 은 애플트리태일즈의 경제 실용 전문 브랜드입니다.